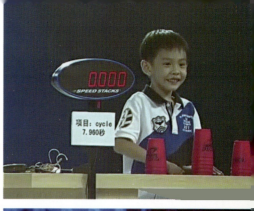

2
1 3
4

1. 林永登参加德国 Pro7 电视台《Superkids》节目录制
2. 林永登在中央电视台综合频道《少年中国强》节目上表演速叠杯
3. 林永登在中央电视台综合频道《非常6+1》节目上表演速叠杯
4. 林永登在中央电视台综合频道《家庭幽默大赛》节目上表演速叠杯

1. 林永登和爸爸参加中央电视台军事农业频道《乡村大世界》六一特别节目录制
2. 林永登在浙江卫视《中国梦想秀》节目上表演速叠杯
3. 林永登在广东少儿频道《当红不让》节目上表演速叠杯
4. 林永登在天津卫视《幸福来敲门》节目上表演速叠杯

1	3
2	4

1. 林永登在东南卫视《好好学习吧》节目上表演速叠杯
2. 林永登在录制中央电视台少儿频道《零零大冒险》节目时与蔡国庆合影
3. 林永登在爱奇艺《了不起的孩子》节目上表演速叠杯
4. 林永登在录制中央电视台少儿频道《零零大冒险》节目时与张睿合影

1. 林永登在录制中央电视台军事农业频道《为你点赞》节目时与孙茜合影
2. 林永登在录制中央电视台综合频道《少年中国强》节目时与刘涛合影
3. 林永登在录制湖南卫视《快乐大本营》节目时与快乐家族成员、赵丽颖及吴奇隆合影
4. 林永登在录制湖南卫视《天天向上》节目时与天天兄弟合影
5. 林永登在录制优酷土豆《最强小大脑》节目时与阿雅合影
6. 林永登在录制爱奇艺《了不起的孩子》节目时与昆凌合影
7. 林永登在录制"世界冠军教你速叠杯"课程时与凯叔合影

1	2
3	
4	

1. 林永登在录制浙江卫视《你好！生活家》节目时与杨澜、李小鹏、惠若琪、陈欢合影
2. 林永登在台湾地区中天综合台《雅典纳轰趴》节目上表演速叠杯
3. 林永登在台湾地区中天综合台《大学生了没》节目上表演速叠杯
4. 林永登在台湾地区冠军HD电视台《网路温度计》节目上表演速叠杯

1. 林永登获得 2014 年 1 月台湾地区速叠杯冬季公开赛冠军
2. 林永登获得 2015 年 1 月台湾地区速叠杯冬季公开赛冠军
3. 林永登获得 2015 年 6 月马来西亚速叠杯公开赛冠军

1
2 3 4

1. 林永登获得2015年11月新竹速叠杯公开赛冠军
2. 林永登获得2016年1月台湾地区速叠杯冬季公开赛冠军
3. 林永登获得2017年7月桃园速叠杯夏季赛冠军
4. 林永登获得的速叠杯比赛奖杯和奖牌

和孩子一起创造无限可能

会玩的孩子更有出息

曹顺妮　林沛腾　著

北京大学出版社
PEKING UNIVERSITY PRESS

内 容 提 要

一生中最宝贵的童年,应该让孩子如何度过?

"不要让孩子输在起跑线上",到底是对父母的误导还是指导?

林永登的父母均来自单亲家庭,唯一的心愿就是永登可以快乐成长,拥有一个完美的童年。他们让孩子玩速叠杯,不是为了把孩子培养成世界冠军,而是希望孩子不断体验到尝试和挑战自我的快乐。培养林永登成为速叠杯世界冠军的教育方法,是林永登父母反思传统教育和自己以前的生活而得到的。作为父母,他们不希望自己经历的悲剧在孩子身上重演,应该还给孩子该有的童年、童真和童趣,让孩子找到真实的自己。

本书将林永登父母在育儿方面的独特悟归纳为"三心二意",结合养育永登的亲身经历告诉读者:父母如何在玩的过程中引导孩子学会坚持,变得更专注、更自信、更有合作精神。并且登爸在书中分享了多年来永登在练习、实战中总结出来的玩速叠杯的经验。本书文风隽永、图文并茂,"延伸阅读"版块还提供了育儿书单,可读性和可借鉴性较强。相信读完这本书,读者将收获陪伴孩子的智慧和力量。

图书在版编目(CIP)数据

会玩的孩子更有出息:和孩子一起创造无限可能 / 曹顺妮,林沛腾著. — 北京:北京大学出版社, 2019.3

ISBN 978-7-301-30217-0

Ⅰ.①会… Ⅱ.①曹…②林… Ⅲ.①家庭教育 Ⅳ.①G78

中国版本图书馆CIP数据核字(2019)第001669号

书　　　名	会玩的孩子更有出息:和孩子一起创造无限可能
	HUI WAN DE HAIZI GENG YOU CHUXI: HE HAIZI YIQI CHUANGZAO WUXIAN KENENG
著作责任者	曹顺妮　林沛腾　著
责任编辑	吴晓月　代卉
标准书号	ISBN 978-7-301-30217-0
出版发行	北京大学出版社
地　　　址	北京市海淀区成府路205号　100871
网　　　址	http://www.pup.cn　新浪微博:@北京大学出版社
电子信箱	pup7@pup.cn
电　　　话	邮购部 010-62752015　发行部 010-62750672　编辑部 010-62570390
印　刷　者	大厂回族自治县彩虹印刷有限公司
经　销　者	新华书店
	650毫米×980毫米　16开本　11.5印张　4彩插　96千字
	2019年3月第1版　2019年3月第1次印刷
印　　　数	1—8000册
定　　　价	39.00元

未经许可,不得以任何方式复制或抄袭本书之部分或全部内容。
版权所有,侵权必究
举报电话: 010-62752024　电子信箱: fd@pup.pku.edu.cn
图书如有印装质量问题,请与出版部联系,电话: 010-62756370

前言1

没有天生的父母

写这本书时,我一直在检讨自己作为母亲的各种不是。

从孩子降生的那天起,我就在跌跌撞撞地学着为人母。随着孩子一天天长大,我却时常自责:"哎呀,我怎么能犯这样的错误""哎呀,我怎么又发脾气了……"

自责的同时,我又在幻想,要是重来一次,我会做得更好。但这真的只能是幻想,人生无法倒带,过去的就是过去了。与其纠结于过去,不如想办法改变未来。

没有天生的父母,只有好学、不断成长的父母才能追得上孩子的成长。所谓好学,就是在如何做好父母这件事上虚心请教,用心观察,耐心陪伴,与孩子一起成长。身体忙乱时,至少内心是不慌乱的，是有方向的。

但是关于向谁学、如何学，大多数父母还是存在不少困惑。我也曾是困惑者，虽然从孕期就一直靠书籍来指导自己，可生活中还是会出现很多意料不到的事情。比如，知道发脾气会对孩子造成伤害，但仍旧常常失控。妈妈们常说，第一个孩子照着书养，第二个孩子照着猪养。呵，其实第一个孩子的教育往往会出现虎头蛇尾的状况。从初为人母时的小心谨慎，到孩子慢慢长大后粗枝大叶式的教育，自己的耐心和细心都被消磨掉了。

正当我开始有所懈怠时，遇到了林永登和他的父亲。先是在电视节目上看到林永登的速叠杯表演。吸引我的不是他的成就，而是他的心态。每次比赛，他的表情与大多数孩子参加比赛时的眉头紧锁、表情沉重截然相反，不管成绩如何，他都能哈哈大笑。他的快乐如阳光一般，能治愈心灵。他的笑发自内心，给身边的人一种享受。当然，他也在享受，享受比赛，享受当下生活的每一秒。

2017年，我在乡下组织"行知合一，最强大脑+最强双手夏令营"时，请来了林永登父子。当所有观众被眼花缭乱的速叠杯表演惊得目瞪口呆时，林永登却没有一丝得意，而只是乐得两蹦三跳，像只欢快的兔子。林永登玩速叠杯的快乐，每一次都能感染身边每一个人。

这就是教育应该结出的果子，也是我最期望看到的结果：每个孩子全情投入各自的兴趣中，有乐商，既能够让自己快乐，又能用快乐感染身边的人。

写到这里，我不由得发出感慨：瞧，这都是别人家的孩子。轮到自己的孩子，只留一份恨不得揍揍"熊孩子"的手痒劲儿。

且慢，我终于找到问题的根源了——孩子一有不合自己心意的时候，父母就起了急。急躁心态害了父母，误了子女。早年前，我采访中国台湾作家曹又芳，她的一句话至今让我铭记在心：**没有不是的孩子，只有不是的家长**。我就是那个不是的家长，写本书，意在时刻提醒自己：不要急，不要火。

林永登之所以是林永登，小小年纪便能轻松打破世界纪录，是因为站在他身后的"大山"——用心陪伴他成长的父母。他们以爱激活孩子的天分，长情陪伴，不为他的人生设限，才能让他挑战无限可能。

促使我写作本书的，还有一个不得不提的小故事。一位朋友在与我讨论教育话题时告诉我，儿子A被同学鄙视了，为此孩子伤心了很久。这位朋友的儿子A读初中，儿子的同学B几年前移民澳大利亚。2018年，同学B回国探亲，找A叙旧。没想到，这是一次不愉快的见面。同学B聊滑雪，A说"我不会"；B聊篮球，A说"我很少有时间打"；B聊足球，A说"我没时间看球赛，也没时间踢"。谈话无法进行下去，同学B问A："那你都干吗了？"A无奈道："白天上学，晚上写作业，周末上辅导班。"同学B离开时丢下一句话："你这个人太无趣了，除了看书、考试，什么都不会。"

这句话刺痛了孩子，更刺痛了家长的心。朋友说，是时候反思自己带给孩子的无趣教育了。

"只用功不玩耍，聪明孩子也变傻。"（All work and no play makes Jack a dull boy.）在斯皮尔伯格执导的电影《头号玩家》中，打字机不断地敲出这句影响美国教育和文化的流行谚语。

前言2

教育孩子，我其实是"三心二意"的

"恭喜你，你在我们节目上打破世界纪录了！"看着电视节目里主持人以相当惊讶的口吻向林永登道贺，作为父亲，我真的没想过，孩子玩12个杯子也能有机会上电视，还站上了中央电视台的大舞台，甚至上了德国的知名电视节目。其视频红遍全世界，让大家都知道，速叠杯圈有这样一个孩子，用他的快乐感染、带动世界上更多的人一起参与到速叠杯运动中。

在速叠杯运动的推广上，登登确实影响了很多人。而这一切的一切，都是在他4岁半的时候，无意间看到了速叠杯的运动视频开始的。当时他看到了速叠杯，感觉很有趣，于是要求我买给他玩。

对于他的这个要求，我没想太多，觉得只是 12 个塑料杯，算不上危险的玩具，就马上在网上购买了一套。没几天速叠杯配送到了，永登的速叠杯奇幻旅程就这样展开了。

教育孩子，我其实是"三心二意"的——用"三心"（细心、耐心、用心）帮孩子找到适合的跑道，用"二意"（爱意、善意）给孩子美丽心灵。永登有今天这样的成绩，并非刻意规划，但也绝非偶然。身为父母，我们只是跟着永登的兴趣走，做父母该做的事，好好地陪伴他、照顾他。我们夫妻俩不是圣人，也没有多大的成就，但我们思考出一个共通的方法，那就是：

在这个能人贤士多如繁星的世界上，并不是你想成为伟人就能成为伟人的。普遍看来，能成就一番大事业的心想事成者还是少数，事与愿违者总是占大多数。既然如此，我们为何不让孩子做最真实的自己，快乐地度过一生呢？

基于这样的培养理念，我们的教育方向始终秉持着简单的想法，即赋予孩子快乐，先从快乐的童年开始。

目录

第1章
"三心",帮孩子找到适合的跑道

细心观察,每个孩子都是独一无二的 // 003

耐心陪伴,别给亲情留遗憾 // 009

用心执行,享受纵深乐趣 // 018

善用求知欲 // 028

10 000小时定律,塑造孩子的执行力 // 032

第2章
"二意",给孩子美丽心灵

爱意,浇灌出安全感 // 039

善意,滋养孩子的自信与善良 // 053

学会向孩子道歉 // 057

爱孩子,也爱孩子的妈妈 // 061

建立民主家庭 // 065

爱的发光体 // 068

第3章
用智慧，给孩子快乐童年

丢失的童年，疯玩的大学 // 078

父母的悲剧，不要在孩子身上重演 // 083

玩出一片天 // 090

重新定义"玩" // 102

陪孩子练就健康体魄 // 107

育子十四法则 // 121

第4章
欢迎来到速叠杯世界

速叠杯世界的快乐之境 // 135

轻松玩转速叠杯 // 144

第1章

"三心",
帮孩子找到适合的跑道

所有的父母都望子成龙、望女成凤，希望自己的孩子有出息。

那么，怎样才算有出息呢？

100个父母会有100种期待，所以，在开始写本章前，我要表明自己对"有出息孩子"的理解：发掘出自身潜能，在某一领域学有所成，没有浪费"天生我材"；性格友善，能快乐自己又能快乐他人，在属于自己的跑道上全力奔跑，将来凭本事在社会上发光发热。而这一切参考的坐标系，是自己，而非他人。然而，现实中很多孩子都在不属于自己的跑道上痛苦度日，一事无成。

所以，作为父母，要想让孩子有出息，就不能让孩子在成长的道路上三心二意。孩子的成才之路，在登爸眼里，离不开父母的"三心二意"。

能做到"三心二意"的父母，才能帮助孩子找到正确的跑道，这关乎孩子未来的幸福感、成就感。帮助孩子挑选跑道，需要父母用3～5年时间"三心"合———细心＋耐心＋用心。

只有在属于自己的正确跑道上奔跑，每个孩子才有可能成为他自己。还有什么比做自己更值得孩子期待的呢？

细心观察，每个孩子都是独一无二的

恼人的声音

自从林永登拥有了速叠杯之后，"扣、扣、扣，嘭、嘭、嘭"叠杯子、收杯子的声音成了登爸、登妈每天早上最不愿意听到的"闹钟铃响"，有时甚至一整天家里都是这样的声音。只有在他吃饭、洗澡、睡觉，或是在网上查找、观看速叠杯视频时，大人的耳朵才能得到片刻的清静。

那声音真的好吵。登爸一直忍耐着，可就算是圣人、神仙，也有发脾气的时候。过了几天之后，登爸终于忍不住，大声斥责永登："你玩杯子的时候小声一点儿！"

永登似乎受到了惊吓，用无辜的眼神看着登爸，动作放轻、放慢，于是声音变小了。可是，几分钟过后，声音又变大了，登爸又忍受不住了，再次跟永登说："小声一点儿。"永登点点头，动作又放轻、放慢，但没隔几分钟，恼人的声音又开始了。

发火前先冷静3秒

正当登爸火气上来，又准备大发脾气时，念头突然一转：不对，永登是自己从小带大的，他并不是喜欢故意捣乱的孩子，玩速叠杯的声音嘈杂，可能并不是他的错。

于是，登爸起身走到永登旁边去看他怎么玩速叠杯。永登以为自己又要挨骂了，动作放轻、放慢。看到永登如此，登爸**用缓和、轻松的口气对他说："爸爸不是要来骂你的，是来看看这杯子怎么玩的，你能不能教教爸爸啊？"**

永登一听，开心极了，话匣子打开，一直讲个不停。不仅教登爸怎么玩，还找出了网上的视频和登爸一起看。这时登爸才恍然大悟，原来是因为给永登的配件不足才导致他玩速叠杯时噪声很大，并不是他的玩法不对。

可是，才4岁半的孩子，字都没认识几个，词句更是似懂非懂，根本没办法正确地表达自己的需求，只知道说"我想要这个""我想要那个"。至于为什么想要这些，却没有合适的词句来解释给大人听。

所以，当登爸完整地看完速叠杯运动视频后一下子明白了，孩子玩杯子时产生噪声正是父母的粗心导致的。于是登爸立刻上网给永登订购了玩速叠杯专用的垫子。

当然，在垫子送来之前的那几天，登爸、登妈还是要忍受永登玩速叠杯时发出的嘈杂的声音。等垫子送到后，登爸、登妈的耳根子清静了不少，而永登因为有了更专业的装备，玩得更起劲了。

3分钟热度

在永登玩速叠杯的过程中，一开始，他是拿着杯子乱玩（乱叠杯或乱收杯），甚至乱丢，没有章法。登爸则完全不介入永登的速叠杯游戏，只是从旁边观察他胡闹瞎玩。过了一阵子，永登的兴奋劲儿似乎消失了，不怎么玩了。

登爸心想，难道这是"3分钟热度"的坏毛病出现在永登身上了？

于是登爸问他:"你为什么不愿意玩速叠杯了?"永登只是摇摇头,没有回答,静静地看着网上的速叠杯运动视频。登爸没有发火,静静地陪着他看。

这时,登爸才发现,**原来又是配件不足引起的兴趣消失——永登缺了计时器。**

如果没有计时器,玩速叠杯就会非常无趣,甚至无聊,因为缺乏挑战性。找到了问题所在,登爸赶紧买了一个计时器送给永登。当永登看到计时器后,脸上出现的是从未有过的开心表情,热情立刻又回来了。

计时器的出现,让永登进入疯狂练习的专业状态。

善用惩罚

永登迷恋上速叠杯后,禁玩速叠杯就被登爸当作了惩罚的小手段。

比如,当永登做错了事时,登爸就罚他不能玩速叠杯。不能玩速叠杯对永登来说,简直是比天塌下来还要痛苦的一件事。尤其是当有了计时器之后,随着叠杯的速度越来越快,永登获得了越来越

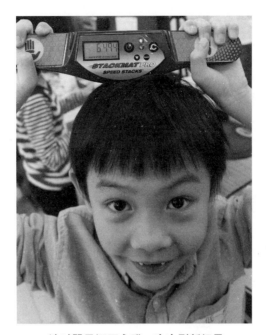

计时器见证了永登一次次刷新纪录

多的成就感。这时候把他最爱的游戏作为惩罚手段,其实是登爸在进一步引导永登向更高的水平努力。

古人有言,授之以鱼,不如授之以渔,意思是直接拿鱼给孩子吃,不如教他如何钓鱼。登爸觉得这句话要再升级——**授之以渔,不如授之以喻,就是教他钓鱼,不如想办法引导他去思考如何钓到鱼,而不是只教会他钓鱼的操作技巧。**

这个层次是由简至繁的。当然直接给鱼吃就是最快、最简单的方法，也是最粗暴、最不负责任的方法，却是现今父母普遍采用的方法。

授之以喻教育理念的背后，要求的是父母要具有协助能力——细心观察孩子的行为与需求，并从旁协助，让孩子用自己的方法找到兴趣所在，成长为独一无二的自己。

可是，究竟什么才是孩子真正喜爱的？什么才是孩子能坚持下去的兴趣？

要找到这些问题的正确答案，父母要用像鹰一样的双眼敏锐地观察到让孩子双眼闪光的事物。

所有对孩子成长的协助，前提就是细心观察孩子的一举一动。但是，仅有观察还不够，同时还需要持之以恒的耐心陪伴。

耐心陪伴，别给亲情留遗憾

等一下

孩子的世界很单纯，他们的小脑袋瓜儿只想着玩，但是一个人玩不如两个人玩，所以永登会一直吵着让登爸、登妈陪他玩。然而，永登经常会听到登爸、登妈各种拒绝的借口：

等一下，爸爸上了一天班好累呀，我睡会儿再陪你……

等一下，妈妈还有好多家务事要做……

等一下，家里的灯泡坏了，爸爸要到商店去买灯泡回来换……

等一下，妈妈给朋友回个电话……

……

面对登爸、登妈的一再推托，永登还是默默地相信，等登爸、登妈忙完了就会陪伴他，而且他不懂得怎么用言语表达自己的心理感受。

"等一下"，是很多父母拒绝孩子请求的口头禅。殊不知，这句口头禅不经意间关掉了孩子兴趣的大门。久而久之，孩子也会对父母失去表达内心想法的念头。

陪我玩一下

有一天，永登又扬起可爱的小脸，用撒娇的方式央求登爸："**爸爸，陪我玩速叠杯，一下下就好了，我今天学会了新的玩法。**"

对登爸来说，速叠杯是小孩子的玩意儿，实在提不起兴趣。于是，他还是使用平常的老办法来应对："爸爸上班好累，身上好脏，洗完澡再来陪你。"

然后，登爸拿着衣服赶紧到浴室洗澡，洗完出来坐在沙发上，忘记了永登的请求。他刚要打开电视，永登就带着速叠杯兴高采烈地跑了过来："爸爸，你洗完澡了，陪我玩一会儿速叠杯，我玩新的玩法给你看。"

这时候登爸又想到了另一个借口："爸爸还没吃晚餐，肚子饿，没力气看你玩速叠杯呀，我们先吃饭吧。"

吃完晚餐，永登又立刻拉着爸爸玩速叠杯。登爸又心生一计回应他："爸爸今天有些工作报表还没完成，现在要赶紧做，不然会被老板骂的。"

然后登爸就赶快到电脑桌前装忙碌。永登不再打扰爸爸，走到速叠杯桌前，一个人默默地玩。看着孩子孤单的身影，登爸有点于心不忍，可是他实在提不起兴趣跟永登玩速叠杯。

过了大约半小时，看着永登独自静静地玩速叠杯，登爸悄悄地打开了电视，准备享受一场球赛转播，想不到永登马上回头说："爸爸，你的报表是不是做好了？可以来陪我玩速叠杯吗？"

一直被黏着，要陪孩子玩，这感觉真的好可怕。这时候登爸并没有意识到自己做错了，反而继续逃避永登的陪伴请求。他看了一下时间，又想到了一个借口，对永登说："对了，现在已经8点半了，你该去洗澡，然后睡觉喽。"

这时，永登露出非常无奈的表情，拎着衣服垂头丧气地去洗澡了。登爸长舒一口气，准备好好地享受一场球赛转播。

球赛重要，还是亲子关系重要

夜里，看着永登天使般的睡颜、逗趣的睡姿，回想着晚上和他相处的过程，登爸总感觉不大对劲儿。这时，登爸想到自己小时候也需要父母陪自己玩，父母也总是有千奇百怪的借口来拒绝他。印象中，父母陪伴自己的时间并不多，以至于长大了想找他们撒撒娇都觉得别扭，和父母的关系更没办法亲密起来。

这时登爸才发现自己一直拒绝永登，做得是有多差劲。其实永登的要求并不过分，他想分享玩速叠杯的喜悦，而自己却因为一己之私，残忍地拒绝了他。

到底是一场球赛重要，还是亲子关系重要？

登爸这样分析过后，答案一下子清晰了：**球赛可以看重播，但是亲子关系没处理好，就会慢慢失去亲密关系。**

"第二天下班之后，一定要好好陪伴永登。"登爸暗下决心。

爱是陪伴

结束一天忙碌的工作,登爸回到家之后,永登开心地跑到门口迎接,开口第一句话又是:"爸爸,你今天能不能陪我玩速叠杯?一会儿就好,我把刚学会的新玩法玩给你看。"

一听到这句话,登爸又"压力山大"。可一想到昨晚的反思,他不想让永登和自己一样有不悦的童年回忆,只好满口答应。

没想到,**永登竟然开心地跳到登爸身上,然后让登爸抱着他,到速叠杯桌前一起玩。永登的撒娇给登爸带来满满的幸福感,顿时消解了登爸所有的压力。**

永登开心地向登爸介绍速叠杯的新玩法有什么变化,以及他是怎么学来的,还兴致高昂地教登爸。这时登爸才明白,孩子其实很容易满足,父母的陪伴就能让他开心。

只要父母愿意陪伴孩子,他就知道你是爱他的,一时做得不好的地方,孩子也很容易忘掉。但是,长期拒绝孩子带来的伤害则是不可弥补的。

就像永登跳到登爸身上的这一刻,登爸心想:"**好险,他还是爱**

我的，还来得及，我还是他的好爸爸。"

从这一天起，登爸每天都陪永登玩速叠杯，也拉着登妈一起来玩。饭后的家庭活动，经常是一家三口一起玩速叠杯，比赛看谁的速度最快，最后拼得全家人满头大汗，不亦乐乎。

本来只是小孩子的玩意儿，竟然让永登一家人多了一个共同的兴趣和话题，这就是速叠杯的魅力、陪伴的魔力。

回看一下，真的很险，想偷懒的登爸差一点儿就把永登的兴趣弄没了，也差一点儿把孩子对父母的爱弄丢了。

孩子的童年非常宝贵，耐心陪伴孩子成长，父母会有很多意想不到的惊喜。因为孩子的要求通常不会很过分，而父母推托的借口通常却很过分，所以，在父母拒绝孩子的陪伴请求时，请父母三思。

父母的陪伴，是开启孩子成才之门的钥匙。没有谁比父母更懂得自己的孩子。

第 1 章 "三心",帮孩子找到适合的跑道

登爸陪永登练习速叠杯

比赛前登妈陪永登练习速叠杯

会玩的孩子更有出息：和孩子一起创造无限可能

登爸、登妈陪永登参加速叠杯比赛

第 1 章 "三心",帮孩子找到适合的跑道

登爸陪永登去外地参加电视节目录制

用心执行，享受纵深乐趣

第一次比赛

当登爸开始陪伴永登玩速叠杯之后，他没想到，自己和孩子一样，也玩出了兴趣。但登爸很纳闷一件事：为什么玩速叠杯时，永登时常会汗如雨下、全身湿透呢？

登爸上网寻找答案，不看不知道，一看吓一跳。原来，根据国外专家的研究，速叠杯这项运动相当于慢跑的运动量。怪不得永登玩速叠杯时，经常玩得满头大汗。

除此之外，对于年幼的孩子来说，玩速叠杯还可以促进手、眼、脑的协调，提高物体追踪能力，促进左右脑的均衡开发，增强肢体的平衡性，提高专注力和反应力，使孩子获得成就感，使亲子关系更和谐……益处举不胜举。

了解到速叠杯如此多的益处后，登爸十分庆幸自己没有继续排斥速叠杯，否则对于永登来说是莫大的损失。

在陪伴永登练习速叠杯的过程中，登爸又产生了新的想法：有了计时器，是不是就意味着还有速叠杯比赛呢？

如果可以让永登参加比赛，会进一步激发永登对速叠杯的热情，同时也是另一种锻炼：让他尝试着面对大众，将一件事情完成。

于是，登爸帮永登报了名，让他去尝试参加比赛。没想到，第一次参加比赛，虽然只比了两项，但两项永登都获得了冠军，还获得了奖品。主办单位觉得不可思议，这么小的孩子居然能够通过自主训练将速叠杯玩得这么好！于是，他们邀请永登在 3 个月后参加另一场大型速叠杯比赛。

2014年1月永登参加台湾地区速叠杯冬季公开赛，在赛场练习时引来其他选手围观

TIPS

速叠杯的由来

速叠杯，又叫竞技叠杯、飞叠杯，和魔方、悠悠球、转笔等一起被称为"手部极限运动"。

速叠杯源自20世纪80年代美国加州学生俱乐部中的一种小游戏——年轻人喜欢把俱乐部里廉价的塑料杯子以快速手法叠成各种形状，以调动气氛。1990年，一档名叫 *The Tonight Show* 的电视节目将速叠杯展现在大众面前。表演者以变幻莫测的手法将十几个塑料杯子飞速地打开，叠成不同的形状又收回，

> 引发了大众的兴趣。后来,一个叫作韦恩·戈迪奈特的人,在一名体育老师鲍勃·福克斯的帮助下,制订了速叠杯最初的游戏规则,将速叠杯当作一种体育运动推广开来。
>
> 作为一项新兴的个人或团体运动,速叠杯要求选手以最快的速度,把杯子按规律叠成金字塔状后还原。
>
> 如今,速叠杯日渐流行起来,全球已有超过3万所学校(如美国及中国台湾地区)把这项运动列入正规的体育课程,中国大陆的一些学校也开始推广这项运动。

神奇的3个月

永登比赛完之后,喜欢上了比赛的感觉。**他对比赛和名次没什么概念,只是觉得比赛现场有很多人一起玩速叠杯的感觉很棒,还能拿到奖品,开心极了。**

经历一次比赛后,永登练得更勤了。

看着永登练习速叠杯,陪伴在旁边的登爸感觉有些地方怪怪的,尤其是看着永登手部的动作,显得很别扭。

登爸上网找了一些视频作参考,才发现因为永登的身高还不够,站在比赛桌前(比赛桌已经到了胸口)做动作时,总会出现动作不顺畅的情形。

登爸给永登找了垫高椅后,永登玩起速叠杯来顺手了很多,玩得更开心了。过了些日子,他又开始不顺手了。哈哈,原来是永登长高了。

这个年纪的孩子长得很快,两三个月就会长高一点。个子变高,

永登喜欢比赛现场很多人一起玩速叠杯的感觉

第 1 章 "三心",帮孩子找到适合的跑道

永登家里的垫高椅

比赛现场登爸也带着垫高椅

就要不断替换椅脚,将其改成稍微短一点的。高度调整好,永登玩速叠杯时才能达到最佳状态。

就这样,登爸用心执行,为永登创造最适合的条件和环境,让永登找到速叠杯运动的乐趣。于是他越练越快,速度越快心情越开心,越开心速度提高得也越快,就这样一路高歌猛进,很快进入专业化训练的状态。

打破世界纪录

3个月很快到了,永登开心地去参加了那一场被邀请的大型速叠杯比赛。

出乎意料的是，**永登在比赛场上竟然打破了他那个年龄组的世界纪录，成为中国台湾地区速叠杯比赛中第一个打破世界纪录的世界冠军，并成为第一个名字被登在美国速叠杯协会网站上的中国选手。至今，永登都是世界竞技速叠杯公开赛 6 岁组的世界纪录保持者。**

登爸、登妈完全没有想到会有这样的结果——孩子玩着玩着就走上了冠军奖台。

在得出"会玩的孩子更有出息"这个结论前，还是要回看这一路上如何让孩子会玩。

如果当初登爸不在意永登玩速叠杯的过程，让一个 4 岁半的男孩从头到尾自己瞎玩，以他的年纪及有限的智商，是不会知道没有计时器的激发就不能快速提高速度这件事的，也不会发现身高不足才导致玩得不顺手……如此下去，天才儿童也可能会因为这些挫折和打击，认为自己的速度本来就只能这样，于是逐渐丧失进一步提高速度的兴趣和欲望。

幸运的是，永登有细心观察、耐心陪伴、用心执行的父亲在一旁辅助他，给予他爱的鼓励和肯定，这样才有了永登不断突破自我、创造出无限可能的成长。

从第一次参加比赛获得冠军,到 3 个月后打破世界纪录,永登一飞冲天的比赛历程让登爸意识到:**会玩的孩子,一定是用心执行每件事——能做到 10 分,就不会用 7 分的心态去做出 5 分的结果;拼尽全力,享受纵深的乐趣,才能释放出最大潜能,闯出属于自己的一片天地。**

上电视啦

永登打破世界纪录之后,就成了电视节目邀约的对象,在中国台湾地区陆续接受了多个新闻采访,并参加了电视节目的录制。

有一天,一条神秘的信息发送到了永登的脸书(Facebook,美国的一个社交网络服务网站)上,对方说自己是中国中央电视台一个新节目的导演,她是通过朋友的账号发送信息过来的。起初,登爸以为对方是骗人的,后来经过多番查证之后才了解到,原来这个节目真的是中国第一大电视台——中央电视台的一档正要开录的重点节目。

玩 12 个杯子,竟然能到中央电视台表演,登爸、登妈兴奋极了,开心地手拉着手转圈圈。

而永登呢，**根本不在意成年人眼里的东西，继续沉醉在速叠杯的世界里，不知道中央电视台是什么，更不知道上高收视率的电视节目有多幸运。**一直到出发去机场，永登的兴奋点还停留在觉得坐飞机非常有趣这件事上面。

看到永登这么淡定，登爸、登妈更高兴，因为永登的快乐依旧在玩速叠杯本身，并没有被世俗的东西所影响。

就这样，刚满6岁的林永登，因为速叠杯，人生中第一次体验了坐飞机的滋味。沾永登的光，登爸、登妈陪伴着孩子，一起开心地到了北京。一到北京，一家三口就像刘姥姥逛大观园，觉得什么都新鲜有趣。导演组安排他们到北京的景点游玩，还安排摄像师在旁边记录一家人游玩的画面。路人看到后，都以为这一家是大明星。那一刻，登爸、登妈感受到了不一样的幸运。

玩了一整天，回到酒店之后，登爸对登妈说："这简直像做梦一样。"登妈乐了，说："如果是做这样的梦，也是值得了。"

中央电视台录影之旅结束后，林永登一家三口又回到了台湾，继续过着原来的生活。白天，登爸送永登上学，接永登放学，陪永登练习速叠杯，陪永登吃饭，睡前陪他聊天，一如往常，平淡而幸福。

等到节目终于播出时,永登看到自己出现在电视上,感觉很有趣。他在节目上自然、天真、快乐的表现获得了不错的反响。

之后永登陆续接到了多个卫视的邀约。在浙江卫视《中国梦想秀》节目上,因为获得现场观众的投票成功,永登还被奖励了一份大礼物:到几乎所有孩子都想去的地方——迪士尼乐园游玩。

除了国内的电视节目,永登也开始在国外电视节目中露脸,曾经乘坐十几个小时的飞机到德国参加电视节目的录制。

当然,还有一些广告商找上门来。对于一个普通家庭来说,这一切真是太神奇了。

永登一家人的上海迪士尼之旅

善用求知欲

求知欲是孩子能够在自己的跑道上坚持下去的驱动力。问题在于，很多父母在不知不觉中把孩子的求知欲扼杀了。对于孩子永无止境的问题，父母总是随便应付或者干脆说"不知道"。孩子碰壁几次后，就不愿再提出问题，更不会去深入思考，对周边的事物出现"熟视无睹""不以为意""不过如此"的漠视感。

更可怕的是，还有一类家长不懂装懂。下面我分享一个真实的案例。

春暖花开的季节，一位年轻妈妈带着两个孩子在郊区游玩。孩子看到路边的灌木丛中开满了一团团白色絮状物似的花朵，便问妈妈:"这是什么?"那位妈妈看了一眼,斩钉截铁地回答孩子:"棉花。"孩子轻轻"哦"了一声,就跑开了。接下来妈妈和孩子继续在花草丛中漫无目的地晃荡。

其实那根本不是棉花,因为棉花是草本植物,而不是木本植物。无知的妈妈信口胡说的行为,无意间把孩子对植物研究的兴趣抹杀掉了。她完全可以这样说:"它是很神奇的植物,我也不认识,咱们一起来寻找答案吧,看看它究竟是什么。"

在信息如此发达的现在,她只要掏出手机,拍下照片,就可以找到答案。但是她没有这么做,也就失去了和孩子继续研究下去的乐趣。比如,她可以让孩子记录下这株植物的特征,然后和孩子一起研究,除了棉花,还有哪些植物会开絮状的花,为什么是絮状……

由孩子的一个小问题引发出无限问题,孩子的求知欲就是这样一次次被培养起来的。可是,不爱学习和思考的父母往往成了孩子求知欲的终结者。那么,这样做的后果是什么?

第一,禁锢了孩子的创新力。创新力由好奇心驱使,没有了好奇心,孩子习惯性地被动接受外来信息,他会成为知识的存储器,而不是生成器。

第二，孩子失去了独立思考的能力。由于好奇心的缺失，当孩子遇到问题时，喜欢依赖外部力量得到最后答案。

当一个国家或民族由创新不足的头脑组成时，后果又是什么呢？

这几年，中国的企业界掀起了去以色列学习的风潮。2012年，国内一个企业家从以色列学习回来，跟我分享了一个故事。在他们去参观以色列的希伯来大学时，本·萨松校长介绍，他们学校出了7个诺贝尔奖获得者。若计算整个犹太民族获得诺贝尔奖的人的数量就更多了，犹太人占全球人口的0.3%，而获诺贝尔奖的比例是22%左右。犹太人主要生活在以色列和美国，美国获诺贝尔奖的科学家中有不少是犹太人。

为什么作为人口大国的中国，和以色列如此不同？本·萨松指出，原因之一是教育观念不同。犹太人崇尚创新，鼓励人们想出新奇点子并付诸实践，从家庭到学校都是如此。比如，**犹太妈妈放学后问孩子的第一个问题是：你今天在学校问老师什么问题了？而中国的父母往往是问孩子：你今天在学校考了多少分？**

创新引导和分数引导导致以色列的孩子和中国的孩子的创新力

在基础教育阶段就有了差距,到了大学更加拉开了距离。以色列大学重视科技成果转化,教学能力考核标准主要是看有多少研究成果转化成应用,而不是像中国大学那样看发表了多少篇论文。

在激活孩子的创新力上,中国父母有很多努力的空间,核心的一点是,**不要做孩子求知欲的终结者**。善用求知欲,引导孩子把提出的问题通过寻找各种途径一一解决,其创新力就会像泉水一样,源源不断地喷涌而出。

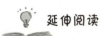
延伸阅读

《创业的国度:以色列经济奇迹的启示》 [美]丹·塞诺、[以]索尔·辛格/著

10 000小时定律，塑造孩子的执行力

不中断练习

永登从4岁半开始接触速叠杯，到现在10岁，每天都在玩速叠杯，每天玩的时间，一到两个小时不等。

这一切都是他的自觉行动，没有登爸、登妈的强制要求。只是作为孩子的陪练，登爸和登妈经常陪着他一起玩。

每天陪永登一起玩速叠杯，是永登一家人的快乐所在。全家人沉浸在脑细胞与手部完美配合的极限运动中，体味开发大脑潜能的各种乐趣和惊喜，更享受亲子互动的开心与快乐。当然，对于永登

来说，成绩无法突破的苦恼也时有发生。

可这一切都不会让永登中途放弃，他想一直挑战下去，抵达自己的手部运动极限。

每次面对瓶颈期时，家长要及时为孩子做积极的心理建设。登爸经常这样跟永登念叨："孩子，无论哪个项目，要想做到一定的高度，必须达到以下几点。第一，要具备这个方面的天赋；第二，要进行正确的系统训练；第三，要有很强的执行力。三者缺一不可。"

天赋是上天赐予的，给多给少，不能强求；系统训练和执行力则是后天的。**做不了天才，还可以做专才，成为某个领域的拔尖人物**。就像《异类》这本书里的数据所揭示的那样：

钢琴业余演奏者，童年时期每周的练习时间从来没超过 3 小时，到 20 岁左右时，其全部的练习时长约在 2 000 小时；

与之比较的专业演奏者，每年都在增加练习时间，到 20 岁时，其练习钢琴的时长达到 10 000 小时。

研究还证明，10 000 小时定律不仅适用于钢琴演奏者，而且对运动员、棋手、作曲家等同样有效。10 000 小时，相当于每天练习 3 小时，或者每周练习 20 小时，并持续 10 年。

当然，天才也离不开 10 000 小时定律：天才画家达·芬奇从 9 岁开始练习作画，并持之以恒；音乐家莫扎特在父亲的指导下，从 6 岁开始作曲，一直坚持到 21 岁成名，且成名后仍笔耕不辍。

竞技比赛之外

永登从 4 岁半开始玩速叠杯，进行手部训练，**不到半年时间，拿到世界竞技速叠杯公开赛 6 岁组冠军，至今仍是该项目世界纪录的保持者**。但是要想更进一步，就需要保持每天至少 2 小时的训练。

这就是所有技能培训的客观规律——业精于勤，荒于嬉。

除了遵循规律外，还需要有针对性的专业训练方法和定期的外界交流。

永登在淡水河畔伴着夕阳练习速叠杯

永登在德国科隆的火车站等火车时练习速叠杯

永登学速叠杯，基础算得上"一穷二白"，当初速叠杯对他而言是一个完全陌生的领域。由于对速叠杯的好奇和兴趣，他主动从网络上下载速叠杯视频观看，从动作模仿开始自学。

永登入门很快，3个月后就能在比赛中获奖。比赛的意义不在于获奖，而在于从"独乐乐"到"众乐乐"的转换，这是孩子社会化成长的一部分。他会在比赛中认识新的朋友，看到"山外有山，人外有人"的竞技真相，认识到自己的优势与不足。

从永登能够在最短时间内拿到比赛的好成绩这一点可以看出，他是有天赋的，**但关键还是后天的系统训练和执行力，这是成为专才的必经之路，也是激发天赋、成就个人的必要条件，没有任何捷径**。执行力就是能克服行动中遭遇的枯燥和困难，一以贯之地把最初的目标执行下去。执行力训练包含很多，包括日常训练的标准、时长、提高的效果等。

培养孩子的执行力，一开始少不了父母的参与。登爸和登妈并不是坐在那里发令，也不是把永登丢在那里不管不问，自己跑到一边看电视、玩电脑，而是全程参与到永登的训练中。登爸、登妈就如同莫扎特的父亲那样，在莫扎特还未成年前，一直陪伴在莫扎特身边,每天与他一起练习曲子。

最最关键的一点,就是别忘了孩子执行力所针对的目标,一定是他感兴趣的事情。爱画画的孩子,非要让他去唱歌,不但不会培养出孩子的执行力,还会毁掉一个孩子的前途。所以,在孩子驶入正确的轨道前,如何帮助孩子在弯路中寻找到适合他奔跑的跑道,这是父母最大的责任。

我们可以总结一下,塑造孩子的执行力,父母的职责是:

(1)发现适合孩子的跑道;

(2)分阶段树立孩子能够实现的目标,让信心和乐趣推动孩子不断前进;

(3)陪孩子一起执行目标,让孩子感受到父母的爱,并让父母发挥一定的监督作用。

延伸阅读

《异类》[加拿大]马尔科姆·格拉德威尔/著

第2章

"二意"，给孩子美丽心灵

用"三心"帮助孩子找到属于自己的跑道，这只是孩子成长过程中家长所做的一部分工作。如何让孩子在跑道上快乐奔跑，家长还需要有"二意"——爱意+善意。"二意"，是孩子成长道路上的阳光雨露，是生命必需的养分。

现在越来越多的父母意识到，仅仅培养孩子的技能是远远不够的，让孩子拥有纯真、善良、美好的心灵与乐观、开朗的性格，以及为其构建起处变不惊的安全感，对孩子一生的成长更为重要。

用爱意、善意浇灌出的花朵，才能播撒出更多的爱与善。

爱意，浇灌出安全感

随时都笑得出来

永登第一次上中央电视台综合频道《少年中国强》节目的时候，主持人张泉灵问登爸："对于永登的这些成就，你应该会感到很自豪吧？"

登爸回答："**我自豪的是他随时都笑得出来。**"

简单的一句话，道出了育子的精髓：培养孩子的良好心态，才是父母应首要关注的。孩子良好的性格也是登爸、登妈多年来最让他们骄傲的教育成果之一。当很多人夸赞永登心理素质特别好时，身为他的父母亲,在感到欣慰的同时,更为高兴的是,他们给孩子的爱通过永登被更多人感受到了——做一个会散发热量的小太阳,而不是看似发光的冰冷月亮。

永登从学校捧回来的第一张奖状不是成绩优秀奖,而是**"最佳欢乐奖"**。学校老师经常夸赞永登的快乐和善良,他让教室里充满了欢声笑语。

常言道,相由心生,孩子是最能印证这句话的。孩子笑得天真灿烂,表示孩子过着幸福、快乐的日子。有些孩子时常苦着脸,表情呆滞,这表示有可能父母亲没有让他们获得正确的幸福。

永登获得的"最佳欢乐奖"奖状

幸福怎么还分正确与不正确呢? 举例来说,很多父母常会对孩子说:"我给你的是最好吃的、最好用的、最好玩的,但是你怎么总是不满足呢?"

有这样想法的父母真是犯了大错。给最好吃的、最好用的、最好玩的不代表是对孩子最好的爱,父母不懂孩子的内心需求,不知道他的满足点在哪里,一味地靠物质去满足,只会徒增孩子的焦虑和烦恼。就好比我们常听到的一句话:有一种冷,是爸妈觉得你冷。没有真正了解孩子的需求是什么,却过度地给予孩子他不需要的,对孩子来说反而是负担和坏事。

关照心灵

登爸说,陪伴孩子成长真的很辛苦,要把孩子带好更是不容易。登爸、登妈和大多数父母一样,每每告诫自己要对孩子温柔,要对孩子多点耐心,但有时候也难免会在孩子无厘头的吵闹之后,无法自控地对孩子吼叫。

大多数孩子在表达需求时,往往交代不清楚需求背后的原因,粗心的家长不明所以时,就会轻易拒绝孩子的要求。

登爸事后反思才明白,父母认为孩子是在无厘头地吵闹,其实是父母不懂他们的需求。**孩子通常要的是心灵上的满足，而不单单是物质上的简单满足。**

想到这一点，登爸、登妈转变了对永登爱的方式：在给永登爱之前，登爸、登妈会先用心体会，感受永登的需求是什么，站在永登的立场上去想事情。比如，有时候永登闹情绪，是想要登爸、登妈陪着他玩耍；有时候是为了分享他的快乐而缠着登爸、登妈……当然，他们把永登捧在手掌心上呵护，并不意味着对永登的要求无条件地照单全收。

沟通第一

永登是一个笑点很低的孩子，常常一个小动作或一个不经意的声响，就能让他笑到流眼泪。他也是一个容易满足的孩子，很多人都认为孩子需要很多玩具、零食才能哄得住，但他可能只要一个气球就足够了。

用成人的语言来说，这个孩子太好说话了。没错，他是一个很好沟通的孩子。

培养孩子知足常乐的性格，窍门就是沟通。这一点对于亲子关系的培养也相当重要,在日后人与人的互动上,**沟通也会发挥举足轻重的作用,因为有效的沟通是良好人际关系的基础。**

永登从 2014 年开始接触录影到现在已经有 4 年了。经常在镜头下、舞台上展示自己并没让他变得油里油气、趾高气昂,他还保持着一如既往的天真和快乐。在登爸看来,永登能保持纯真性格的原因在于,在他婴幼儿时期亲子之间建立了良好的沟通。

"哭"是新生儿与世界沟通的语言。每个孩子都一样,从出生开始就已经有了需求,但只会以哭的方式来表达自己的需求。当父母做对了,他就会以笑来回应;当父母做错了,他会以哭的方式告知你做错了,他要的不是这个。

很多新手父母在为新生儿换完尿布、喂完奶之后,宝宝仍旧不停地哭闹。有些长辈会说:"没关系的,让他哭一会儿就好了,等哭累了,他自然就睡着了。"

让新生儿一直哭却不去理会他,这是一种相当不好的做法。因为如果在他哭时父母做对了,他的情绪平复了,那么这意味着父母是可以信赖的,也是父母取得宝宝信任的开始。但如果在他哭时父母做错了,甚至一错再错,最后没了耐心,对宝宝置之不理,久而久之，宝宝就不会再以哭来表达需求，甚至以后宝宝都不知道该如何正确地表达自己的需求，或者不想再跟父母表达自己的需求，因为宝宝觉得跟父母表达需求之后是得不到回应的。

因此，建立良好的沟通，父母从孩子的新生儿时期就要开始。从孩子的需求入手建立沟通，认真观察他的需求，合理满足他的需求，科学引导他的需求，才能建立起父母和孩子的良好沟通，才是父母对孩子负责任的爱。

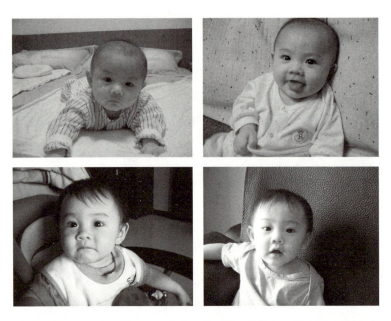

对于还不会讲话的宝宝，父母要善于通过他的每一个细微表情与动作了解他的真实需求，并及时给予回应。图为小时候的林永登

爱孩子，正确给予孩子幸福感，满足孩子的正常需求，与孩子之间建立起基于信任的良好沟通，是父母养育孩子的第一要务。

好沟通 ≠ "听话"

好沟通的孩子，并不是所谓的"听话孩子"。

家长大都有带着孩子到商店买东西的经验，不少孩子看到琳琅满目的零食、玩具之后，就指着这些东西喊"这个也要，那个也要"。如果家长不给孩子买，他就会赖在原地不走，或是在地上打滚、哭闹。

在这样的情况下，就会出现以下两种情况。

第一种情况，家长受不了孩子哭闹，于是妥协，给孩子买他想要的东西以图省事。这是最错误、最不负责任的行为。因为在家长的这次妥协之后，孩子就都使用这种方法达到自己的目的了。如果下次家长不依从他，他会加大力度，哭闹得更凶。这样恶性循环下去，有可能以后他会越要越多，欲望越来越强。

现在媒体上频频出现青少年暴力、青少年自杀的新闻，这些青少年有个共同的特点：一旦外界不能满足自己的要求，要么出现

"我不好，你也不能好"的毁灭心态和暴力行为，要么出现"那让我死给你看"的自我毁灭行为。这些新闻背后折射出的问题，多数是因为在其婴幼儿及童年时期，家长和孩子没有建立起正确的沟通关系。

为什么要建立正确的沟通关系呢？因为如果双方不做好正确的沟通，孩子就会无尽地索求。孩子并不懂得这些零食和玩具对他来说是无益的，不懂得这些玩具能陪伴他多久，如果家长简单、粗暴地解决了这个问题，那么反而会让孩子缺乏对这件事的思考。如果孩子每次哭闹都得逞，那么以后他就只会使用这个伎俩，而不会思考采用其他方式来获得他想要的东西。

第二种情况，家长责骂孩子，甚至打孩子，这些行为不仅让孩子受到伤害，对于父母来说也是一种伤害，可谓两败俱伤。家长和孩子都颜面尽失不说，孩子的内心也会留下伤痕，孩子以后会抵触家长的管教，而家长则会陷入失信危机，无法掌握孩子的真正需求。

登爸、登妈的教育方向是，**要永登做一个懂事、会思考的孩子，并不希望他单纯做一个"听话"的孩子。**

在永登一两岁时，登爸、登妈也会带他到商店买东西。他和大多数孩子一样，什么东西都想要，恨不得把整家店的东西全搬回家。

登爸、登妈并不会骗他说"没带钱"或是"钱不够",而是不厌其烦地跟他解释,或是使用其他有趣的方式转移他的注意力,不让他聚焦在那些他想要却没有用的东西上,其实孩子的注意力是很容易被转移、分散的。

除了转移注意力,心理学上还有一种方法叫延迟满足,适用于3～6岁的孩子。

> **TIPS**
>
> **延迟满足**
>
> 20世纪60年代,美国斯坦福大学心理学教授沃尔特·米歇尔设计了关于"延迟满足"的实验。实验在斯坦福大学校园里的一家幼儿园进行,研究人员让数十名儿童每个人单独待在一个只有一张桌子和一把椅子的小房间里,桌子上的托盘里有儿童爱吃的棉花糖。研究人员告诉他们可以马上吃掉棉花糖;或者等研究人员回来时再吃,这样还可以再得到一颗棉花糖作为奖励。结果,大多数的孩子坚持不到3分钟就放弃了。大约

> 三分之一的孩子成功延迟了自己对棉花糖的欲望，他们等了大约15分钟，等研究人员回来兑现了奖励。
>
> 延迟满足能够教会孩子克制自己的欲望，放弃眼前的诱惑，可以培养孩子克服当前的困难情境而力求获得长远利益的能力。
>
> 延迟满足不仅是幼儿自我控制的核心内容和最重要的技能，也是儿童社会化和情绪调节的重要内容，更是伴随人终生的一种基本的、积极的人格因素，是儿童由幼稚走向成熟、由依赖走向独立的重要标志。
>
> 此后，关于延迟满足的实验还有很多，例如，发展心理学家皮亚杰通过三山实验来验证2～7岁的孩子是以自我为中心的，无法控制自己。但这个实验最后被推翻，因为只要换一种孩子容易接受的方式，就能发现孩子具有自我控制能力。因此，培养孩子的能力，需要用容易让孩子接受的方式。

经过几次耐心的沟通之后，永登再到商店看到他想要的东西时，就不会赖着不走，或是在原地哭闹，因为他理解了什么才是他需要的。如今，即使家里有零食，永登也不会擅自拿来吃。每次他想吃的时候，都会先征求登爸、登妈的同意，得到允许后才会吃。

"好沟通"的最终目的，一方面是让家长懂得孩子的真正需求，另一方面是建立孩子的思考力，让他从小明白，不是所有的需求都是合理的。

安全感

跟还不会开口讲话的宝宝沟通，是要费些心思的。永登刚出生一个月左右时，登爸、登妈经历过一次不懂宝宝需求的沟通。

喝足奶的永登，嗝拍了，尿布换好了，却一直在哭。登爸、登妈心想，自己该做的都做过了，又检查了一下，永登身上也没有痱子，他为何就哭个不停呢？起初，登爸、登妈尝试着不理他，就让他一直哭，看看是不是和老人说的那样，宝宝哭累了之后就会睡着。

10分钟过去了，永登还是哭；20分钟过去了，永登依旧哭着，不但没停，反而哭得越来越大声、越来越伤心。半个小时之后，看着他小脸哭得通红，双手双脚无助又气愤地挥动着，登妈终于忍不住了，流着泪把他抱在怀里哄："对不起，以后不会再让你这样哭了。"

谁知永登刚被登妈抱到怀里，情绪就开始稳定下来，没几分钟就睡着了。**原来，宝宝需要安全感，不过一个抱抱就能满足，粗心的父母总忘记满足宝宝安全感这一点，单纯以为让宝宝吃饱喝足就可以了。**

事后，登爸、登妈反思长辈的那一句老话："让他哭一会儿就好了，等他哭累了，自然就睡着了。"再联想到永登一直无助大哭的画面，立马达成共识：长辈的话，只能当建议来参考，不能完全不思考就照着做。时代在变迁，以前的传统观念和方法要随着时间、实际条件的变化而做出及时改变。

宝宝不会无故哭闹。永登"哭"，就是他在不会说话、无法诉说需求时的一种表达方式。婴幼儿的需求，除了吃饱穿暖，还需要安全感，这需要通过吮吸奶头或者被父母抱在怀里等方式来获得。当父母给了宝宝需要的安全感之后，宝宝不但会安静下来，还会把给予他安全感的人当作可依靠、可信任的人。这时候建立的信任，就是日后父母和孩子沟通的基础。

只有孩子信任父母，才有办法与之沟通。反之，如果孩子不信任父母，沟通上一定会出现问题，孩子就很容易被定义为"熊孩子"。之所以产生"熊孩子"，就是因为父母和孩子之间的信任感、沟通方式出了问题。

爱的抱抱

有些长辈会说："孩子不要常抱在手上，以后会产生依赖的。"

登爸却不这样认为。永登已经上小学四年级了，还是很喜欢在登爸怀里撒娇，经常要登爸把他抱起来。有时候在大马路上，永登也会像小猴子一样，缠着登爸抱抱，嘻嘻闹闹，登爸并不觉得有什么不好。

随着永登慢慢长大，体重越来越重，登爸心想，也许再过一两年就抱不动永登了，更要好好珍惜现在能抱动他的时光。所以，如果永登要抱，登爸总会对他说："来吧，孩子，我会随时张开双臂把你抱起来的，直到我抱不动为止。"

孩子对父母撒娇，是一种最直接、最有效的表达爱的方式。登爸的经验就是：**当孩子想要你抱的时候，不用犹豫，一把把他抱起**

来就对了。逐渐地，父母与孩子的感情会越来越深厚，亲子关系更融洽。

抱抱让永登和登爸、登妈的心贴得更近

善意，滋养孩子的自信与善良

情绪表达

孩子出生之后，很努力地适应这个世界，用自己的方法探索着。这时他对世界上每件事的"对"与"错"无法做出正确的判断，甚至对"正确"这两个字是什么意思也感到迷惑不解。

孩子除了吃喝拉撒睡是与生俱来的，其他的事情都需要通过自己的摸索才能学会。而且很多事情的"对"与"错"是成人定义的，婴幼儿拥有的是一些动物的本能私欲，并不知道自己在地上爬一爬后看到东西就往嘴里塞是不好的，也不知道他不小心把东西摔坏是不对的，这些被成人定义为错的行为，在他眼里并无对错之分。

对外界事物性质的辨别，孩子是通过大人的情绪反应来学习的，所以，**父母的情绪反应对孩子来说至关重要，大人情绪表达正确，孩子才能做出正确的判断。**

在登爸眼里，幼儿园毕业以前，永登都还是懵懵懂懂的。比如，小时候的永登喜欢黏着父母撒娇，有时会用力拍打登爸、登妈的脸和头，边拍打还边笑。旁人可能会认为永登是个"熊孩子"，很暴力。登爸却不这么想，他认为永登并无恶意，只是没有控制好自己的力道，加上开心、快乐的兴奋情绪，所以就打得很用力。

这时候，登爸并不会生气、发怒。否则一动气，永登会认为这样做是不正确的，就不敢再做这些原本是与父母亲昵互动的动作。因此，登爸、登妈的做法是，耐心地和永登沟通，温柔地拉着永登的手，做给永登看，告诉他力量的差别，教他控制双手的力道。

不要苛责孩子

孩子做错事，多数时候是父母没有教好，或是防护措施做得不够好。比如，孩子捡了一个小东西往嘴里塞，由此对自己造成了伤害，那么错在父母没有把这个小东西收好，而不能责怪孩子乱吃东西。**因为宝宝最初的学习，主要是借由抓、握、咬等一些基础动作来实现的。**

在登爸的记忆中，永登小时候摔坏过 3 部手机、2 部数码相机、3 部平板电脑，还有很多碗、盘、玻璃制品等。有时候是永登没拿好东西就摔了，有时候是他随手乱摆没放好东西掉到地上了，有时候是他在交给登爸、登妈时，登爸、登妈还没接好，他一松手东西就掉了……

永登总是不小心摔坏东西，怎么办？登爸继续用耐心"政策"，提醒再提醒。而永登总是忘记再忘记，无论如何，登爸、登妈总会保持耐心。他们认为，孩子摔坏东西，只能怪大人自己没有事先预料到这些情形并加以阻止或是防范，大人有错在先。

摔坏东西时，孩子也会难过，所以凡事父母别太苛责孩子。如果有的孩子以摔坏东西为乐，父母则要制止。

孩子的谎言要拆穿吗

上学后，几乎每个孩子都有弄丢东西的经历，如铅笔、橡皮、水壶、校服等，甚至连书包都会弄丢。有时也会忘了带作业回来写，当孩子告诉你他忘了把作业带回家时，请放宽心给他机会，试着相信他是真的忘了带。**因为这个时候孩子的记忆力还没办法记下所有的事情，父母一定要耐心地反复提醒。**

就算孩子是为了逃避写作业，也请父母先别拆穿他。通常孩子的谎言是很容易被识破的，如果一再地拆穿他，他以后反而会再编造更精密的谎言，父母要一再地提醒、沟通与引导，把他逃避的心态矫正过来。要想孩子不产生逃避的心态，父母切记不要责骂孩子。

大家可以观察一下周遭的孩子来印证一个现象：一个经常受到赞赏及鼓励的孩子，他的脸上会带着自信的笑容，充满正能量，走路时抬头挺胸、昂首阔步，会用积极的心态去看待这个世界上的事物。反之，一个经常受到责骂，或是经常接收到冷言冷语的孩子，他们通常会面无表情，笑起来的感觉像是皮笑肉不笑，不喜欢说话，不善于表达内心的感受，走路时垂头丧气，不愿意探索这个世界，长此以往甚至可能成长为问题少年。所以，**与孩子相处，父母一定要时刻往好处想，多注意孩子的优点，引导他改正缺点。**

总之，父母要以善意的心去看待孩子的成长过程，多赞美、少责骂。

学会向孩子道歉

很多人都是第一次为人父母,并且基本上都是未经培训就上岗了。在培育孩子的过程中,难免有做得不当的地方会伤害到孩子,这时候就需要父母学会向孩子道歉,把对孩子的伤害降至最小。

登爸小时候做数学题时会尝试用各种解法去完成,由此希望永登也能在一道数学题上多想出几种解法,并从中找到最简单的一种。但是永登有时不喜欢这样做,他会反驳登爸:"我都做完了,还让我找另一种解法做,我不干!"登爸就会责备永登:"你怎么这么不用心呢!"所有的孩子都是有性格和脾气的,永登也不例外。为此父子俩有时会僵持不下。

当登爸和永登产生分歧，互相说服不了对方时，就需要登妈出面来调解。

登爸、登妈之间有个默契，就是在教育永登这件事上，一定要统一口径，观念一致。 但父母也有犯错的时候，这时候另一半就要当好"判官"。

登妈会告诉永登："如果做数学题时，有两种解法都可以，那么哪种最简便，我们就用哪种解法。如果两种解法都一样简便或者都一样复杂的话，那么用哪种解法都可以。其实，不管最后采用哪种解法，多一种想象力，多一种解法，总比只有一种解法要好。"

孩子的逆反心理就是这样。等他冷静下来后，父母耐心地跟他讲道理，他还是能听进去的。等登妈评判后，永登会跟登爸心平气和地说："爸爸，多一种解法也可以。"

登爸趁机向永登道歉："孩子，对不起，刚才爸爸太心急了，不应该责备你，用你那种解法也可以。"

另外，父母都有急脾气的时候，这时就容易出现错误批评孩子的情况。在军队服过役的登爸很注重生活细节。永登过去经常不将用完的纸扔到纸篓里、用完的毛巾挂回去……为此登爸没少跟永登起冲突。有一次,登爸看到书桌被洒出来的墨水弄脏了,就忍不住批评起来:"登登,你怎么回事?墨水瓶不能连盖都不拧上就往那一放,现在可好,桌子都搞脏了。跟你说过不能这么做,你怎么还这么做,怎么回事?"

登爸越是用这种批评的口气跟永登讲话,永登就越会梗着脖子不说话。这时候,大多数家长会和登爸一样,更加来气。气到一定程度的时候,就想打孩子——冲动之下,很容易动手。但登爸会控制自己不打永登。他先回避,让永登爱做什么就先做什么,然后搬出登妈来调解。躲到一边释放坏情绪的登爸通过退让一步,避免让自己做出不理智的事伤害到孩子。

后来登妈告诉登爸,这次是他误会永登了,这瓶新买的墨水瓶的盖子裂了,所以墨水才洒了出来。永登刚想去处理,恰巧被登爸看到了。

登爸得知是自己误会了永登,马上去跟永登道歉:"孩子,对不起,刚才是爸爸不对,误会你了。你妈妈告诉我是怎么回事了。生活要讲秩序,这是人的基本素质。小事情丢三落四,谁敢把大事交给你处理？爸爸也是希望你能养成好的生活习惯。"

听到爸爸道歉的永登跟登爸讲："我也有做得不好的地方。"

慢慢地，被登爸监督的生活细节永登都能做好，再不需要登妈跟在他屁股后面收拾残局了，登爸也没有再为此批评过永登。

当然，有时候永登也会跟登妈发生矛盾，此时，扮演和事佬的就是登爸。他先把登妈支开，了解一下事情的来龙去脉，然后做出判定。如果是登妈做错了，她也会给永登道歉。

敢于道歉、懂得道歉的父母，才能教出懂得认错、在反思中成长的孩子。

爱孩子，也爱孩子的妈妈

一个家庭有一个贤惠的妻子，是一大幸事。俗话说，好妻子决定着三代人的幸福：对上，孝敬父母；对下，教育子女；夫妻间，又是丈夫的好搭档。

登爸和登妈是经朋友介绍认识的。两人婚前、婚后都保持了良好的沟通，价值观趋同，性格互补，从心理学角度讲，这是夫妻容易达到和谐状态的一种组合。登爸每次接受采访时，都要提及"幕后英雄"登妈的功劳。正因为登妈用她的宽容和智慧用心经营家庭，登爸才能毫无后顾之忧，安心地陪着永登训练、比赛。

●——● 会玩的孩子更有出息：和孩子一起创造无限可能 ●——●

登爸对登妈的评价一向就是：贤妻良母，相夫教子。她是永登、登爸的坚强后盾

刚组建家庭时，登爸、登妈也有很多生活细节问题需要磨合。比如生活方面，从小很少干家务的登妈并不是很会做饭，做饭多由登爸来承担。有一次，登爸的岳母来探亲，登妈主动做饭。结果因为登妈把水和米的比例弄错了，米饭被煮成了粥。这时登妈才意识到，做好一日三餐并非那么简单。在做饭这件事情上，登妈体会到登爸对她的包容与爱，于是她开始虚心学习做饭。

在养育永登方面，登妈经常提醒登爸，父母不能随便发脾气，否则会影响到孩子。

发脾气是本能，控制脾气是本领。**如果夫妻间不得已而闹别扭、争吵，要尽量避开孩子，这是家庭原则。甚至因孩子教育问题发生分歧，也不能当着孩子的面争执，而是私下达成一致观点，统一口径。**

夫唱妇随的家庭生活，让整个家庭充满阳光。当永登玩速叠杯表现出某些天分后，登爸跟登妈商量，要花更多的时间陪永登，得到了登妈的支持。

当时登爸还在做着模具工程师，在工作和陪伴孩子练习、比赛之间寻找平衡。尝试了一段时间后，最终还是决定先由登爸陪伴永登成长，养家的重担更多地由登妈来承担。

如果没有登妈的辛勤付出，登爸无法像现在这样，陪伴永登四处比赛，参加各种活动。如果没有登妈充当家庭的润滑剂，登爸和永登之间也不会相处得如此愉快。

每次带永登外出比赛，不在现场的登妈就是父子俩的定心丸。每次永登获奖，登爸心里就默念：军功章里有登妈的一半功劳。

建立民主家庭

"孩子,在这个家里,我们是你的父母,也是你最好的朋友,愿意分享你生活中遇到的所有事情。"登爸总是这样跟永登讲。

虽然不是大富之家,但在精神层面上,登爸、登妈培养永登要有富足的精神。这个富足,就是不抱怨、不消极,乐观处世,积极做事。

中国有句俗语,穷养儿子富养女儿。很多人仅从物质满足上去理解这句话,认为对儿子就是要劳其筋骨,饿其体肤;对女儿就是要娇生惯养,锦衣玉食。殊不知,对儿女,都是要富养的。**这里的富养,就是精神上的富养——给孩子足够的爱与信任,让他成为爱的发光体,以便成人后有能力给他人足够的爱与信任。**

对于精神上的富养，家长首先要给孩子足够的爱。这里的爱，不是顺从和溺爱，而是用孩子愿意接受的方式，给予他精神需求的满足。比如，孩子需要的安全感、信任感、求知欲、独立性、成就感……

精神上富养的孩子，会早早意识到自己是家庭中不可或缺的角色，通过家庭组织，提前培养起社会角色应具备的意识，如人格平等意识、责任意识、合作意识等。

家长要培养孩子的人格平等意识，就需要建立民主家庭，给孩子营造家庭成员平等的氛围，尊重孩子，把孩子作为独立个体看待，而不是家长的附属物。

很多家长往往忽略培养孩子的责任意识，喜欢大包大揽，让孩子衣来伸手、饭来张口，殊不知，这种养育模式是在剥夺孩子的独立性和责任感。

在日常生活中，家长可以让孩子一起参与做家务，一步步引导孩子。比如，穿衣服、洗袜子、收拾玩具之类的事情，3岁的孩子自己就可以处理了。等孩子上了幼儿园，背书包、照顾宠物、倒垃圾等稍微需要点体力的事情，也可以慢慢尝试。上小学的孩子，应该学习做简单的饭食，具备一定的自理、自立能力。

家长不能只有在和孩子一起玩游戏时，才懂得培养孩子的合作意识，其实生活中的点滴都是让孩子成长的沃土。教育家陶行知说过，"生活即教育"，教育脱离不了生活。他有一首《手脑相长歌》："人生两个宝，双手与大脑。动脑不动手，快要被打倒。动手不动脑，饭也吃不饱。手脑都会用，才算是开天辟地的大好佬。"

家长也应该适当让孩子参与家庭决策，比如，全家出游前，征询孩子的建议和想法。让孩子参与决策的目的，一是照顾到孩子的需求，二是让孩子意识到自己在家庭中是不可或缺的。

当然，还要注重家庭成员之间的界限感。比如，给孩子留出安全的私人空间，从而引导孩子学会独处。所谓安全的私人空间，就是孩子独处时没有安全隐患。在这个前提下，孩子独自安静地玩游戏、看书时，家长不要去打扰，也不要没完没了地问孩子那些他不想说的小秘密。

随着孩子年龄的增长，当他们有了自己的房间时，也会藏一些私人日记之类的东西，家长不要去做撬锁偷看日记之类的蠢事。家长可以通过孩子的同学、老师等社交圈子，及时掌握孩子的内心动态。

爱的发光体

当你给了孩子足够的爱时,孩子也会给身边的人足够的爱。

如果我们给孩子的是平等的爱、适度的爱,而不是衣来伸手、饭来张口的溺爱,那么我们收获的就是孩子自立自强的爱、感恩的爱、体恤的爱和分享的爱。

孩子对外释放爱的方式,就是感染人的笑容、宽容的心态、合作的精神,不给他人制造麻烦,给身边的人恰到好处的温暖。这样的孩子就像爱的发光体,可以很快适应社会、融入社会,完成自我的社会化。

每次开学前,永登都会盼着去学校见同学和老师,当他扑闪着纯真的大眼睛，和登爸、登妈分享与同学之间好玩的事情时，登爸、登妈仿佛也成了他的同学。有时候甚至让登爸、登妈觉得，虽然永登都已经是个小学生了，但他身上的那份纯真可以跨越年龄，不论是与比自己小的孩子，还是与比自己大的成年人，他都可以自如地与之融洽相处。

要让孩子成为爱的发光体，家长要从以下几方面着手。

第一，家长要注意培养孩子的乐商和情商。

乐商是制造快乐和传播快乐的能力。作为拉近人际关系的黏合剂，乐商的直观行为就是发自内心的笑容。微笑是世界上最通用的肢体语言，不受种族和地域限制，感染力和亲和力非常强。

上学是一件让永登快乐的事情

永登每次在比赛中和其他选手之间互动的最好礼物就是笑容。不论比赛成绩如何，永登都会露出灿烂的笑容。这一点是他和大多数选手最大的不同。

在《情商》一书的作者丹尼尔·戈尔曼看来，情绪、意志、耐受挫折等品质组成的情商与后天培养有关，因此情商的培养需要从孩子幼时就开始。在孩子幼时，家长要营造一个温暖有爱、安全宽松、健康自由的成长环境，为孩子创造足够多的与同龄人交往的机会，教他如何控制或平息愤怒、焦躁、忧郁等不良情绪，这对于他的一生都能起到积极的作用。

让孩子学会控制不良情绪，制造快乐，给他人足够的爱，只有如此，家长才能不担心孩子的未来。

第二，父母要成为爱的传递者。

永登从小一直由登爸、登妈亲自带，没有交给祖父母、外祖父母带。登爸坚持这样做有两个原因：一是不能把养育孩子的责任和重担抛给老人；二是要适当把上一代人身上不好的东西屏蔽掉，把爱和美好的经验传下去。

上一代人的教育理念有时候并不适用于当下。单亲家庭长大的登爸、登妈，品尝过家庭不完美的苦果，学会了从错误中吸取教训。比如，登爸的母亲被生活的重担所压，脾气不好，很少跟孩子谈心，但她的要求又很高，经常把她的人生焦虑和不满发泄到登爸身上。登爸有了永登后，会思考什么是孩子需要的，他把过往母亲对自己不好的经历转化为了正能量——控制情绪，和颜悦色，给孩子充分的爱和自由成长的空间。

登爸早在学生时代就开始思考人生。那时候成绩为王，他却觉得人生是一场马拉松，当下或许有人记得你是第一名，但当以后你的纪录被打破时，你就会被人遗忘。那么，**人生中究竟有什么东西可以留下呢？一定是美好的意念。**

永登出生后，登爸就有了把这些美好的意念总结下来、传承下去的想法。

在所有美好的意念中，生存意念，或者叫生存欲望是第一位的。与社会互动不强的孩子，生存欲望就会出问题。如果孩子生存欲望强，肚子饿了，他会想着用劳动去换取食物。如果他想要过更好的生活，那就要想办法更努力。

作为父母，要引导孩子产生生存欲望，而不是代办一切，为孩子铺好路，让孩子沿着父母设计好的路径成长。一旦孩子在某些方面的表现不如别人，父母就会产生焦虑，这种焦虑也会传染给孩子。

代办式父母最容易焦虑和担忧未来。但是，父母会慢慢看清一个事实：超越别人并不是一件容易的事，在同一个领域里面，超越了这个人，还有其他人，要超越到哪一天才到头呢？超越了之后又能怎样呢？

从人生的起点跑到终点，如果孩子的脑袋里只有为了超越别人而往前冲的想法，这不是生存的欲望，而是战争的欲望。如果孩子只在意超越和竞争，就会忘记去欣赏沿途美好的风景，更忽略了应该怎样过属于他自己的人生。父母要让孩子学会在和自己竞争、与他人合作中不断提升自己的生存能力，并且学会信任他人。

这就需要父母思考教育原点的一个问题：我们究竟要给孩子赋予什么东西？

登爸说，他要给孩子信任的爱。登爸认为，在父母信任的氛围中长大的孩子，才能拥有一个健全而稳定的自我，更有安全感和归属感。孩子长大以后，多数会具有乐观、自信的人格特征，在工作、社交和婚恋方面，也能获得较高的满意度。这份信任的爱，是父母给孩子最好的礼物。

从永登刚出生开始，对于他的每一次哭泣，每一个细微的动作与表情，登爸和登妈都会积极回应。因为登爸和登妈知道新生儿除了有吃喝拉撒睡等生理方面的需求外，还有父母的关注与抚摸的需求。抚摸能给孩子带来安全感和愉悦感，消除其不安情绪。在永登婴幼儿时期，登爸和登妈常常把永登抱在怀里，或者用手抚摸永登的头，轻拍他的背。虽然现在永登上小学四年级了，但只要他想要父母的拥抱，登爸和登妈还是会随时随地给他一个爱的抱抱。登爸和登妈一次次快速而准确的回应，让永登获得满足，感觉周围的人和世界是可靠的。

登爸和登妈不论工作多忙，每天都会抽出时间陪永登练习速叠杯，并交流心得体会。睡前的陪伴和聊天，能让登爸和登妈及时了解永登的近况，他有没有遇到什么困难。如果永登遇到了困难，登爸和登妈会尽量给予帮助，或者提供一些好的建议。

孩子虽然未成年，但他是独立的个体，不是家庭的附属品。登爸和登妈尊重永登，一些事情会征求永登的意见而非擅自做主。比如，节假日想去哪里玩，要不要上补习班等。永登会感受到登爸、登妈对他的重视与尊重，这样永登也会更加信任、尊重登爸和登妈。

日常生活中，登爸和登妈一点一滴地浇灌信任的种子，也获得了永登的信任。那段帮永登拔牙的经历，至今都让登爸难忘。那天永登的乳牙晃动，快脱落了，登爸对永登说："请你相信我，就一下，爸爸帮你拔出来。"永登躺在爸爸的大腿上，有一点紧张。登爸鼓励他："不要怕，数三二一，牙就掉了。"永登的眼睛里闪烁着满满的信任，没有丝毫恐惧，他配合登爸做到了。那一刻登爸感受到身为父亲的前所未有的成就感和幸福感。

延伸阅读

《卡尔·威特的教育》[德]卡尔·威特/著

《最强大脑饶舜涵成长记：遇见孩子，成就更好的自己》 黄敬茹/著

《情商》[美]丹尼尔·戈尔曼/著

第3章

用智慧，
给孩子快乐童年

在开始本章内容前，我先跟各位读者分享一部印度电影《地球上的星星》，如果你没有时间看完，可以快进到 127 分 50 秒的位置。

伊夏爸爸：我想先跟你谈谈。

伊夏老师：请说。

伊夏爸爸：我的妻子一直很难受。

伊夏老师：为什么？

伊夏爸爸：所有关于"识字困难"的，她都研究了，我希望你能知道。

伊夏老师：为什么？

伊夏爸爸：这样你才不会认为我们是一对不关心小孩儿的家长。

伊夏老师：关心啊，是真的非常重要。它拥有治疗的力量，是痛苦的慰藉，孩子觉得是被需要的。一个拥抱，每时每刻给他们一个充满爱的吻，让他们知道"我在关心你"。"儿子，我爱你，如果你会害怕，来找我。你出错了，失败了又怎样？我都陪着你，不要怕。"一再保证。这就是关心，对吗？听说你有在关心，是好的。

（低头羞愧的）伊夏爸爸：嗯，我应该先走了。

伊夏老师：你太太有没有读过网络上关于所罗门群岛的文章？

伊夏爸爸：我不知道。

伊夏老师：在所罗门群岛，当原住民想要用森林的一部分来耕种时，他们不会将树砍掉，他们只是在树的附近聚集，然后开始对着树大声辱骂，不用几天的时间，树就干枯了，它被自己摧毁了。

（伊夏爸爸若有所思，低头转身离去，却发现教室外的伊夏正在校园的书报板前认真地读文章……）

伊夏是个有读写障碍症的八九岁大的男孩，三年级读了两遍还是毕不了业，数学零分，一句完整的句子也读不出来，被学校劝退，于是父母把他送到寄宿学校。自信心被摧毁了的伊夏关闭心门，消极处世，沉默不语，独来独往。直到新来的美术老师尼克发现了这个孤独男孩的读写障碍。家访时看到伊夏的画，尼克才意识到，这个孩子有着超常的绘画天赋。尼克有意在课堂上提到爱因斯坦、爱迪生这些伟大的人物小时候都有读写障碍，并用画画引导伊夏从被父母抛弃的阴影中走出来，重拾信心，恢复乐观、开朗的性格，慢慢学会了读与写，找到了自己的学习节奏，重新融入社会。

生活中的伊夏有很多，伊夏式的父母也有很多，尼克老师却难以遇到。既然我们不能把希望全部寄托在尼克老师身上，何不做尼克式的父母！

丢失的童年，疯玩的大学

这一节是登爸从自身的经历中进行的反思。以下是登爸的自述。

黑色童年

1976年，我出生在中国台湾一个普通的家庭。回忆起我的童年，真是苦不堪言。

别人都在田里玩泥巴，在小河边抓鱼虾，我却在美术课上揉泥巴，在白纸上画鱼虾。并不是美术课不好，而是我对美术不感兴趣。当然还有大家都会去学习的音乐类才艺，我没有这方面的天赋，可还是要跟别人一样去学习。

对于初中，我现在满脑子的回忆就是自己过着比一般上班族的工时还要长的学习生活。早上6点起床，7点到学校自习，然后开始做试卷。8点开始上课，一天的课程在下午4点结束，然后继续参加课后的辅导班。上完辅导班之后，晚上7点再到补习班上课到9点。接着搭公交车回家，到站后再走一两公里，才终于回到家。看看时间，已经是晚上10点了。洗完澡，吃个宵夜，接着开始做当天的作业。作业做完之后，又要开始准备第二天一早7点的考试，算无数道不知什么时候才能用到的题目，背一堆有着极其相似符号的公式……

那时候，班上的同学几乎都背两个书包，手上还要拎着补习班的书籍和测试题。

能够凌晨一点上床睡觉，真是天大的幸福。一般都是到了凌晨两点才能睡，时常是我趴在桌上就睡着了。几乎每天都是这样的节奏，雷打不动。

不要说没有快乐的童年，我连睡眠都快没有了。我经常纳闷：一个一天只睡四五个小时的成年人，事业到底能做多大？何况是一个正在发育即将进入青春期的孩子？背着这么多厚重的书，每天睡眠不足，节假日都要去补习班补习。假日唯一的好处，就是把一个星期的睡眠补回来。初中3年，这样的日子周而复始，现在想想都不明白自己当年是怎么熬过来的。

疯玩 6 年

在该玩的时候没有玩，反倒是进入该苦读的高等教育阶段，我开始把丢失的童年疯狂地找回来。

辛苦的初中 3 年，并没有为我挣来优异的成绩，我的成绩只属于中等偏上的水平，在全校刚好排第 50 名，在榜单上是第一页的最后一个。这个成绩原本可以考上一个好学校。无奈的是，"生不逢时"，我赶上了生子潮，那一年的升学竞争超级激烈。放榜之后，我的分数虽高但没能分配到好的学校。后来我选上了一所私立的 5 年制商业专科学校。

上了商业专科学校之后，所有人都像从笼中挣脱的鸟儿一样，从初中 3 年压抑、紧绷的学习中一下子释放出来。我也不例外，就像一匹脱缰的野马融入专科学校欢乐、放松的大环境里，无所顾忌地疯玩。代价也是有的，本该读 5 年就毕业的我，因为疯玩，竟读了 6 年才毕业。其实应该说玩了 6 年更准确。

为了找回丢失的童年，6 年商科学业结束后，我并没有依照自己读的会计专业去找工作,而是什么样的工作都去尝试:加油员、商店收银员、餐厅服务员、工地工人、鸡肉销售员、手机销售员……

尝试了很多份工作以后,我终于找到了合适的工作,那就是模具工程师。

模具工程师

20多岁的我,外形上还是一个白白嫩嫩的书生样。在经过很多份工作的试错后,我找到了"真爱"。当我到了模具业——一个工作环境杂乱脏污的行业后,即使再苦再累,我也甘之如饴。

比如,模具行业时常要加班赶工,没有办法休假日。很多人都认为我干不了3个月就会跳槽,我却让众人跌破眼镜——这份工作我坚持了将近20年。我是怎么能够做这么久的呢?

第一,我认为职业不分贵贱。任何职业有其存在的价值,只要是我喜欢的工作,我就不在意别人怎么看。

第二,对于喜爱的工作,我全力投入。我每天想的都是要学好、要把工作做好。虽然产品做出来已经有9分了,如果有机会做到10分,那我一定会再花时间和精力去做到10分。特别是模具这个行业，越到最后，越需要精细、完美，越要竭尽全力。做最后一分所需要花费的时间和精力，可能等同于一开始做 9 分需要的工作量，稍有不慎，就将功亏一篑。

刚开始接触模具工程师这个职业的时候，我也是个门外汉，完全不懂，更何况我在学校学了 6 年的会计学，和这工科类的工作简直是八竿子都打不着。为何我却在非专业领域一头扎了进去？

思考了很久，我想明白了。以前我的学习是想当然的学习，不知道学会计到底是为了什么，一副"要我学"的无所谓状态，所以成绩好坏自己全然不管，自然不懂得珍惜时间，甚至还要比别人多读一年才毕业。

接触到模具后，每次我多学到一点就很开心，多学会一些技巧就很有成就感，于是越做越有趣，完全是"我要学"的状态，全然不在意世俗的眼光，只享受工作给我带来的成长的喜悦。当心底的能量被激活后，就算时常要工作十几个小时，没有节假日，还要面对震耳欲聋的噪声，手脚也常会受伤，我也不会觉得苦、觉得累。即使到后来有了职业病，一只耳朵听力下降、重听，也依然阻挡不了我全力投入工作的激情。

开心，是做好一项工作甚至事业的前提。

父母的悲剧，不要在孩子身上重演

俗话说"三百六十行，行行出状元"，每一个行业都值得被尊重。但是，一句"万般皆下品，唯有读书高"把普世价值观改变了，一句"不要让孩子输在起跑线上"更是扭曲了教育的真正意义。很多家长妥协于这些扭曲的教育理念，在孩子该玩的时候，给孩子安排了大量的知识培训、才艺培训，剥夺了孩子玩的权利，让孩子一生中最宝贵的快乐童年荡然无存。

今天，培养永登成为速叠杯世界冠军的教育方法，其实是登爸通过反思自己以前的生活得来的。

作为父母，不能让自己经历的悲剧在孩子身上重演，应该还给孩子该有的童年、童真和童趣，让孩子找到真实的自己，而不仅仅成为别人眼里的模范生、优等生。

身心健康、快乐自信、能融入社会给他人带来快乐，比那些暂时的高分、考试排名，甚至比赛冠军更为重要。孩子不是考试机器，不是家长的门面，而是独立的个体。

切忌"以己之短，比人之长"

在很多父母的童年记忆里，大概都有这样的画面：心怀不满地听着长辈在自己面前提到别人家的孩子如何优秀、如何聪明，取得了多么优异的成绩。

而当自己成为父母后，有些父母还是会对着自己正在玩耍的孩子说："成天只顾着玩，也不好好学习，这样的学习成绩怎么跟别人比？""别人的英语都几级了！你怎么还不努力一点？""你看看人家，小提琴都能表演给全校人看了，再看看你自己，小提琴盒上却是一层厚厚的泥灰。"……

灭自家孩子的威风，长他人志气的蠢事，中国父母没少干。他们的眼睛被他人的长处蒙蔽许久，失了慧心，反倒看不清，乃至看不见自己孩子身上的长处,更读不懂"天生我材必有用"这句话。

天生我材必有用——每个孩子都有其独特的气质和特有的长处,以自身长处成就自己,才是最好的成长。孩子就像父母的手指头,10根手指头长短粗细都不一样,各有功用,缺一不可,别总是拿自己孩子的短处去和别家孩子的优点比较。他人之长,可以欣赏,可以学习,只是父母断不可拿来压制孩子。

就算是把一群同年同月同日出生的孩子放在一起教育,他们长大成人之后也会发展出不一样的性格和技能来,更何况每个孩子的出生背景不一、成长条件不同,自身的成长速度也不同,自然在个性、能力上千差万别。

因此,孩子能否成材,关键在于父母,而不在孩子。

没有不是的孩子,只有不是的家长。孩子一出生就像一张白纸,孩子的行为表现,通常会反映出父母是如何对待孩子的。如果你的孩子耐力极佳,适合做长跑选手,作为家长没有观察到他这个优点,却一再抱怨他为什么跑不快而让他去做短跑训练,岂不是埋没了孩子长跑的天赋?父母不仅没起到促进作用,反倒成了孩子成才路上的绊脚石。

拒绝"硬式教育"

很多家长经历过贫穷的苦日子,更多地希望在物质生活上不让自己的悲剧在孩子身上重演。他们会给孩子创造衣食无忧的生活条件,却忘记自己当年经历过的"分数至上"的应试教育才是最大的悲剧。所以,如果不想让我们这代人经历的悲剧再在孩子身上重演,就更应该反思现代的应试教育问题。登爸把应试教育称为"硬式教育"——几张试卷、几次考试、带有误差和不确定的概率性分数,简单地把孩子分出三六九等——不知埋没了多少孩子的天赋。

以分数论英雄,分数考查不到的品德、个性、动手能力等知识之外的综合素质被忽略了。

忽略孩子品德、性格、行为习惯等非知识层面的"软性"培养,只注重冰冷的高分数,这样的"硬式教育"硬生生地毁掉了孩子快乐的源泉。 没有快乐感的孩子,最后很容易成为"致命尖刀",自我毁灭或者毁灭他人。见诸媒体报道的,是下面这些触目惊心的数据和案例。

2017年5月4日，北京理工大学附中一名初二男生由于学习成绩不理想，被其父亲没收了手机。5月5日，向其父索要手机未果后，其从11楼家中南侧阳台跳楼身亡。5月7日，其母亲因儿子离世，情绪不稳定，也跳楼身亡。

2017年11月，一个16岁的成绩优等生因抗拒写作业，与老师争执了几句，随后向老师刺了26刀，致其死亡，随后欲跳楼自杀被人拦下。

2018年6月7日，高考第一天早上，河北平泉一考生由于抑郁症跳楼坠亡，这是此名考生第三次报名参加高考。

《教育蓝皮书：中国教育发展报告（2018）》指出，中小学生自杀问题已成为不容忽视的严峻事实。在21世纪教育研究院"中小学生自杀问题研究"课题中，通过中文网络搜索途径抓取统计了2016年10月至2017年9月的电子媒体报道及网络信息，在检查了内容、来源并进行重复检查与数据清理后，共计确认392例青少年自杀死亡及自杀未遂的信息，其中，明确标注事件主体为中小学生的信息为267例。

根据研究小组对网络信息的梳理，215例死亡及未遂案例提及自杀原因,其中72例是自杀未遂,143例是自杀死亡。归纳中小学生自杀的主要原因,大致可以分为以下7种:家庭矛盾(72例,33%)、学业压力(55例,26%)、师生矛盾(35例,16%)、心理问题(21例,10%)、情感纠纷(11例,5%)、校园欺凌(9例,4%)、其他问题(12例,6%)。

虽然从统计上看家庭矛盾占比最高,但报告认为:"考虑间接作用的话,学业压力可能才是中小学生自杀的首要原因。"因为诸如"父母责备其成绩退步""作业未完成被家长批评""因学业与家长发生口角"等这样的家庭矛盾案例的冲突根源是学业压力。师生矛盾案例亦有类似情况,如"自习或上课期间被老师没收手机并被批评"等案例的冲突根源也是学业压力。

蓝皮书建议应从关注学生的幸福感入手,切实降低学业压力是获得幸福感的关键路径。

吴蓓老师在《请让我慢慢长大》一书中写道:"我当过19年的学生,15年的物理老师,深知考试对自己的影响,对教学效果确有提高。但我又觉得考试产生的弊病太大了,用之不当,还不如不用。

比如，把考试成绩作为衡量学生、老师和学校的唯一标准，甚至成为衡量家长的标准。大人们的心里只想着分数，他们不去思考孩子需要什么、孩子是否愉快，他们忽视了孩子是个完整的人。"

应试教育对孩子造成了伤害，孩子感受不到父母的爱、老师的爱、同学的爱。缺爱状态的孩子容易陷入焦虑、冷漠、绝望的情绪中，以极端方式处世，尚未如花般绽放，就可能陷入自我毁灭的旋涡中。

是时候让孩子玩起来、快乐起来了，不要把玩与学习对立起来。**玩，是一种更好的学习。**

玩出一片天

永登一开始接触速叠杯时,登爸、登妈的初衷只是想要永登开心、快乐,玩出一片天,做自己喜欢做的事。在这个过程中,登爸、登妈不断反思自身成长经历的利与弊,过滤掉不好的观念,选择符合新一代孩子成长的科学教育理念。

不做智力测试

看到林永登屡屡在比赛中夺得冠军,很多人对登爸说:"登登这么聪明,要不带他去做个智力测试吧,说不定他可以跳级学习呢。"这样的好心建议很多,结果都被登爸、登妈拒绝了。

为什么不给永登做智力测试呢？登爸的想法是：做智力测试的目的是什么？如果测出来永登是高智商又如何？智商高就是天才吗？天才就意味着会生活得幸福美满吗？如果永登被测出来智商低，难道他就不是自己的孩子了吗？智商低就没有其他特别的长处吗？

如果孩子的智商高，就可以跳级。但是，如果一个孩子与人相处的道理都还没学会，就跳级学习，和比他年长、性格较成熟的同学在一起，他们能相处良好吗？

古代的天才儿童方仲永，虽然7岁时已显露出过人天赋，但可惜的是，因为他的父母急于求成，教育方法不当，致使他长大后"泯然众人矣"。

如果一个人注定成功，那么他还有必要在学生时代比别人早一年成功吗？一个孩子早一年或晚一年去学校学习，到头来都是要学习学校的课程的。

因此，在这一点上，登爸和登妈的想法又达成一致：不能让永登成为方仲永。跳级学习是拔苗助长的行为，只是为了满足父母的虚荣心，对孩子一点帮助都没有。

教育不是为了争个先后，而是要让孩子学会自立。想明白这个问题，登爸、登妈就不会让永登提前入学，也不会让他跳级，对他的学习成绩不提过多要求，更不会给他安排各种辅导班、补习班。

即使在永登玩速叠杯这件事情上，登爸也并不会强迫他必须拿奖，甚至拿冠军，只是借由比赛让永登找到自信。比赛之外，永登完全是自主训练。在练习的过程中，登爸、登妈给他充分的发挥空间，不去干涉他，耐着性子从旁观察他的需求，引导他对速叠杯保持热忱。

不过，大多数家长容易在陪伴孩子的过程中产生急躁情绪，喜欢越俎代庖，恨不得让孩子一步登天。事实上，作为父母要时刻提醒自己，分数不是一切。孩子在玩耍的过程中，观察力、动手操作能力的培养比获得高分更有价值。

许多家长会觉得委屈：我们也想让孩子轻松一些，可是身边的家长都让孩子上辅导班，自己很难"独善其身"。现实中，似乎大家都能看到应试教育不利的一面，却又无可奈何。

我们身边有太多被应试教育绑架的家长和孩子。在补习班风靡的环境下，我的一个朋友顶住来自各方的压力，一直没有给女儿安排任何课外辅导班。有一天，上四年级的女儿对他说：**"爸爸，求求你了，还是给我报个辅导班吧，全班同学就我没有报班了。"** 那一刻，朋友说："坚持了4年，最终还是被'剧场效应'打败了。"

何为"剧场效应"呢？网络上有一篇很火的文章，标题是《"剧场效应"绑架下的教育》，文中是这样描写"剧场效应"的。

一个剧场里，大家都在看戏。每个人都有座位，大家都能看到演员的演出。忽然，有一个观众站起来看戏，可能是为了看得更清楚，也可能是因为身高较矮。周围的人劝他坐下，他置若罔闻，周围的人想求助于剧场管理员，管理员却不在岗位。于是，周围的人为了看到演出，也被迫站起来看戏。最后全场的观众都从坐着看戏变成了站着看戏。

先站起来看戏的人在短时间内看得更清楚了，等到大家都站起来后，所有人看的效果和原来几乎相同。只是，所有人都成了站着看戏的人，所有人都更累了。所有人比原来付出了更多的体力成本，得到了和原来一样（甚至更差）的观剧效果。

更悲剧的是，虽然大家都更累了，但不会有任何人选择坐下来看戏。因为，谁选择坐下来，谁就啥也看不到。

相反，还会有人开始站在椅子上看戏，从而引发更多的人也站在椅子上看戏。

于是，一种奇观出现了——某处的椅子不是用来坐的，而是用来站的。

结果，破坏秩序的人没有得到持久的收益，而遵守秩序的人则成为受害者。

表面上，要怪那个破坏秩序先站起来的观众，是他，首先破坏了秩序。

实际上，真正的责任人，应该是剧场的管理员，毕竟，他是秩序维护者。

……

"剧场效应"绑架下的教育，人人皆为受害者，家长付出了更多的教育成本，孩子在延长的课时、写不完的补习作业的压迫下，休息时间减少，对学习的抵触情绪增长。他们的成长变得被动，成为麻木的考试机器。

那么，不被"剧场效应"绑架，适合孩子的教育又该是什么样子的呢？

芬兰教育的启示

对"应试教育剥夺了孩子童年"的反思，近几年开始在全球展开，芬兰的做法值得我们深思。

被公认为世界教育水平第一的芬兰，计划从2016年年底开始到2020年之前，逐步废除小学和中学阶段的课程式教育，转而采取实际场景主题教学，成为世界上第一个摆脱学校科目的国家。即芬兰的孩子不再上数学、化学、地理之类的课程，而是以多种多样的课程让孩子多角度理解如第二次世界大战、如何在咖啡馆进行日常工作等方方面面的问题，以这种主题式教学的方式让孩子理解这个世界的运作规律。

芬兰的教育改革一直走在世界最前沿，介绍芬兰教育的书籍有《芬兰教育全球第一的秘密》《芬兰道路——世界可以从芬兰教育改革中学到什么》等，我们可以从中看到芬兰教育早就摆脱了应试教育的弊病。在一篇《连美国都热捧的芬兰教育，到底有多牛？》的文章中提到了芬兰教育的与众不同，特别指出以下几点。

芬兰的孩子7岁以前在日托班或家里学习，7岁才开始正式上学。

在十几岁之前，芬兰的孩子几乎没有家庭作业和考试。在受教育的前6年，没有人会对孩子做任何衡量和评估，只有在他们16岁时有一次强制性标准测试。

没有快慢班，所有芬兰的孩子不论聪明与否，都在一起上课。在芬兰，"好学生"和"差生"的差距世界最小。

30%芬兰的孩子在他们开始学习的前9年里受到老师和学校额外的教学帮助。一个老师会一直（一年级至六年级）跟随一个班级，这样，老师就有连续几年的时间来观察学生，从而做到因材施教。

芬兰的小学生每天有75分钟的课间休息时间，而美国平均只有27分钟。

……

就像自由作家陈之华在《芬兰教育全球第一的秘密》一书中的感悟：**芬兰教育值得学习的地方，在于用平等意识珍视每一个生命体，真正做到因材施教，家长和学校用心为孩子创造时间、空间，**

激发其人性中善良的一面,从不刻意强调精英、先进、竞争、比较,从不要求学生和老师具备超人能耐,从不奖励全勤与整齐划一,而将人人视为有着喜怒哀乐的平凡个体,然后从人性的根本上让孩子健康成长,并拥有丰富的人生。

这也是登爸在陪伴林永登成长过程中的感悟,给予孩子丰富的人生,远比考试成绩和比赛冠军有意义得多。要拥有这样的心态,就要摒弃"不要让孩子输在起跑线上"这样的有毒观念。

过程体验大于结果导向

任何竞技类比赛都需要很好的心理建设。

永登从懵懂的 4 岁半开始参加比赛,到如今 10 岁长大懂事,比

2014 年 8 月,在台湾地区举办的国际速叠杯亚洲赛汇集了 300 位亚洲速叠杯精英,全场出现了 6 项世界纪录,而永登就包揽了其中 2 项

赛的压力从来不会对他造成负面影响。每次比赛他都能笑哈哈地面对，哪怕成绩不尽如人意，他照样会开心。他享受的是比赛的过程，而不只是为了追求最后的冠军。也正因为有了这样的心态，永登反而总是会在比赛中超常发挥。

怎样培养孩子，才能让他比赛时不怯场？如何让孩子在比赛中超常发挥呢？

答案就是一句话：在给孩子做心理建设之前，家长先要做好心理建设。

孩子的心理建设背后还是家长教育理念的较量。

和大多数家长不一样的是，登爸反倒希望永登输在起跑线上。

如果永登做到第二名，登爸就已经觉得很棒了。第一名的背后总是有一群人追赶着，如果不全神贯注、竭尽全力，就很容易被人超越。但就算是被超越了又如何呢？"天外有天，人外有人"，登爸常把这句话分享给永登，竞争不是为了打败对方，而是借机向比自己优秀的人学习。

登爸拿吉尼斯世界纪录给永登举例，吉尼斯世界纪录的项目时常被更新，所有纪录只能是暂时的。时间轴一拉长，就会有更强大的人来突破。就算你有幸创造了某项吉尼斯世界纪录,在那个时间点,很多人知道了你创造的纪录,但等到纪录被后来者突破后,人们又记住了新的纪录创造者,曾经的第一名就有可能被逐渐遗忘。

所以,在人生这场马拉松比赛中,不必在意是不是赢在了起跑线上。赢在起跑线上了又如何呢?中途不再努力跑,最后还是会输掉比赛。虽然抵达终点线的第一名只有一个,但是参加这场马拉松比赛的人,享受的是自我挑战。

倘若只在意结果的输赢,心态就会跟着随时都会变的结果而变化。如果以自我成长为目标,那么结果只是成长路上的一个个站点。更重要的是,要懂得去欣赏沿途经历的人、事、物所交织而成的美丽风景。

遇到那些比自己厉害的人,如走在前面的第一名,你可以跟着走,为第一名鼓掌,借鉴他的经验,助力自我成长,还可以另辟蹊径。看着第一名跌倒了,你可以吸取教训,避免重蹈覆辙。

出人头地的方法变了

在古代,"万般皆下品,唯有读书高",以及"学而优则仕"等思维囚笼和人才选拔的机制，把人们的成长之路固化为考科举和追逐名利，想成功唯有把书念好。

工业革命后，出人头地的方式更多的是靠提升学历为就业增加砝码。人才和流水线的产品一样，要在市场上卖个好价钱，需要谋得一个好学历，证明自身的能力。而学历是被学校和政府机构把控的，要想拿到证明，只能靠读书去获取相应的文凭。

信息化时代，互联网技术在很大程度上打破了知识壁垒和信息壁垒，学历和文凭不再是人才选拔的唯一标准，而变成了参考标准。社会发展对人才成长也有了新的要求：需要知识技能型的综合型人才。要想出人头地，就需要具备更专业、更精深的技术与经验。

回想 20 年前手机刚开始普及的时候，站在那个时间点去想现在，人们能想到手机发展到如此高度智能化的地步吗？站在当下的时间点，设想 20 年后，当我们的孩子要谋生时，社会将有怎样的变化？孩子现在所学的知识 20 年后用得到吗？20 年后的社会依旧追求高学历吗？

没有人可以给出百分之百的肯定答案。所以，在不确定未来是如何变化的前提之下，登爸的建议就是，不要去拿孩子的未来做赌注。在这方面,登爸从未逼迫永登一定要怎么做或怎么学,不会规定考试拿多少分数,课后参加多少辅导班等。

在登爸看来,孩子的未来取决于童年是否过得好,孩子在该玩耍的童年需要的就是开心地玩。在玩耍的过程中,家长引导孩子学会为人处世的道理,学会观察、动手操作,积极与人相处。给孩子一个快乐的童年,让孩子拥有健康的体魄、良好的性格,掌握信息获取和处理能力。不管他未来怎么发展,至少 20 年后,孩子自己回头看时,会为曾经拥有一个快乐的童年而高兴。不要再像被应试教育绑架的这代人一样,童年填鸭,大学疯玩,徒留悔恨。

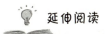 延伸阅读

《芬兰教育全球第一的秘密》 陈之华／著

《芬兰道路——世界可以从芬兰教育改革中学到什么》

陈之华／著

重新定义"玩"

看到永登到处去参加比赛,有人说:永登就是比赛机器,没有玩耍的时间。

登爸是这样解释的:"玩的时间"是个动态概念,关键是让孩子在玩中得到快乐和放松,而不是在形式上保证玩必须有多少时间,并且会不会玩也是个技术活,放松不等于放纵。

如果按竞技运动领域的训练来看,永登的参照系应该是中国那些备战奥林匹克运动会的运动员。试想,中国运动员能保证每天在学校里正常上课的时间吗?

显然不能。但永登能保证。同样面对世界性的竞技比赛,永登并不能像专业运动员那样，每天保证 8 小时以上的训练时间。登爸认为，速叠杯比赛只是永登的兴趣爱好，他的主业依旧是接受学校的基础教育。基础学习必须保证，好比盖房子打地基一样，地基的深度决定了房子的高度。因此，就像大多数父母不会让孩子为了弹钢琴、跳舞、游泳这样的兴趣爱好而放弃上学一样，登爸也没有让永登只参加比赛，放弃正常的学习。

剔除一天在学校学习、完成课后作业的时间，永登的时间归他自己自由支配。

"爸爸，我们出去骑自行车吧！"

"好。"登爸有求必应。

父子俩骑着自行车，晃悠在大街小巷。

"爸爸，我玩会儿 iPad。"

永登玩平板电脑会自己掌控时间，不会像其他孩子那样玩游戏上瘾。他小玩一会儿，也是为了和同学们之间有共同话题。

"爸爸，我出去找同学玩了。"

永登晚上找同学玩的次数不多，因为同学也都是在家里写作业，或者找家教补习功课。这在中国中小学生身上是非常普遍的现象。

永登常把在家看各种课外书当作另一种休息，他学会了运用各种百科全书来解决知识上的困惑。

所有孩子的时间都是一样的，上帝公平地给了每个人一天24小时。但中国式父母的煎熬在于，孩子的时间似乎总是那么紧张——从早晨6点起床匆匆忙忙上学，到晚上回家写作业，一天下来总是如战斗一般的节奏。当然，还要上各种辅导班——这是潮流。

当孩子都在上辅导班时，如果自己的孩子不上，那么他反而成了另类。"剧场效应"下，中国父母做"另类"的决定，不是一件容易的事情。

在是否上辅导班的问题上，登爸毫不犹豫地站在"另类父母"的阵营中。他认为，如果孩子上了辅导班，就没有时间再兼顾兴趣爱好。为了发展孩子的兴趣爱好，登爸情愿舍弃那些能提高永登学习成绩的辅导班。

"孩子，你的同学都上辅导班，你需要吗？"登爸问永登。

"不需要，爸爸。"永登回答。

从小学一年级开始，这样的对话反复出现了几次，从来都是由永登最终决定是否需要"开小灶加餐"。

或许你认为，登爸原来也是一位看重孩子学习成绩的典型的中国式父母。错了，在学习上，登爸的原则是，从不要求永登一定要考第一，而是要求他尽力就好。

"孩子，爸爸不要求你门门功课考第一，你只要尽力就好。"登爸对永登强调，做一件事情，全力以赴的态度最重要。

每年因录制电视节目，永登都会落下一些功课。为了让永登跟上学校的学习进度，登爸选择了自己辅导永登，不会假手于各种辅导班。自己辅导永登的目的，就是慢慢培养永登的自学能力。

因此，不要把玩和学习对立起来，以为学习就是围着书本转。孩子玩的时间，是个灵活的动态概念，孩子在玩的过程中也可以达到有效学习的效果。

教育家陶行知提出了"生活即教育"的理念，但是现代人却忘记了这宝贵的教育理念，人为地扼杀了孩子玩中学习的天性，把学习与玩对立起来，导致很多孩子不会玩，更不会学习。

其实，只要父母在生活中巧妙地运用各种场景，就可以让孩子在实践中通过动手操作习得各种知识，同时培养孩子的观察力、创新力、表达力、记忆力……

中国网红校长——浙江大学副校长郑强教授在多次公开演讲中鼓励中国家长让孩子玩。2018年4月，他在一场讲座中说："中国为什么得不到诺贝尔奖？是因为中国的男性在做小男孩的时候，没有玩，不允许玩，被别人玩。有两句话把中国教育全毁了——绝不输在起跑线上，大力加强学龄前教育。起跑快、加速早，不如跑得久、跑得远。当今中国教育让孩子不是学得晚，是学得太早；不是学得少，是学得太多；不是学得浅，是学得太深。中国教育最大的失败就是超强灌输知识，极大地挫伤了孩子探求知识的动力。"

没有玩的教育，带给孩子的是什么？郑强教授认为，是伤了孩子的求知欲望、身心健康和勇气。

陪孩子练就健康体魄

减少零食,均衡饮食

永登从小胃口就不是很大,虽然看起来有点瘦弱,但他很少生病,诀窍就是登爸、登妈用心关照好永登的脾胃。从两三岁开始,永登通过每天喝调理肠胃的益生菌等,增强肠胃的消化和吸收功能。因为经常吃零食会使孩子的脾胃运化不畅,身体抵抗力下降,所以,永登一日三餐非常规律,餐后也很少吃零食。

的确,儿童食用垃圾零食太多会造成营养摄入不均。被列入限制级的垃圾零食中,膨化食品含有一定成分的铅,多食易导致铅超标和铅中毒，影响儿童的神经系统发育，继而导致孩子出现多动和注意力不集中的症状；巧克力派则是一种能量过高的食物，糖和脂肪的含量都较高，多食容易导致肥胖，在孩子小时候就埋下冠心病、高血压的隐患；碳酸饮料容易使人产生饱胀感，影响吃正餐的食欲……

零食的危害数不胜数，然而令人担忧的是，儿童、青少年吃零食的人数比例在逐渐增加。2018 年 5 月 19 日，在《中国儿童青少年零食指南（2018）》发布会上，中国疾病控制中心营养与健康所张兵副所长表示，我国 2 岁及以上人群零食消费率从 20 世纪 90 年代的 11.2% 上升至近期的 56.7%，零食提供能量占每日总能量的 10% 左右。儿童青少年正处于生长发育的关键时期，也是养成良好饮食习惯的重要阶段，过多或不合理的零食消费行为可能增加肥胖及相关慢性病发生的风险。

有的家长认为，零食可以为孩子提供一定数量的微量元素，但这是相当微弱的正向影响，大部分喜爱吃零食的孩子，其肠胃的消化和吸收功能都会受到影响，因为零食里面含有大量的色素、防腐剂等添加剂，这些对成长中的孩子并无益处。零食中酸、甜、咸、辣各种味道的强烈刺激，也会让孩子渐渐习惯重口味，从而拒绝健康清淡的饮食。

另外，高糖的零食会导致龋齿。中国儿童的龋齿患病率为 60%～80%，其中，5 岁半以下儿童的龋齿患病率已经超过 60%，这是很可怕的一种现状，值得家长注意。

增加运动量

在运动方面，大多数孩子都没问题，因为孩子的天性就是活泼好动。如果由着孩子玩乐，运动量是足够的。就像永登，除了玩速叠杯，在家时，他不是在地上翻跟头，就是在做各种小游戏，几乎很少有静下来的时候。就连走在路上，他也经常像一只小猴子一样，在登爸身边蹦来跳去，活泼得不得了。问题出在现在很多孩子的运动时间被课业挤掉了。

比如，有位妈妈诉苦说，她从小活泼好动的女儿读书读得不肯运动了。在学校里，下课后几百名学生共用一个小操场，活动不开。体育课也少，一周只有一节。后来孩子干脆就不活动了，下课除了上洗手间以外，几乎不出教室。放学后，回家写作业直到睡觉时间。

这位妈妈表示，长久不运动，副作用已经开始在她女儿身上出现：体重超标，体质变差，容易感冒。

越来越多的中国家长已经注意到孩子运动量不足带来的严重后果，他们的反思也常见诸各个媒体：《运动不足体质极差，拿什么拯救中国的孩子？》《中国学生的身体素质为什么比日本差？没有对比就没有伤害》……

在一篇《跑步猝死频发：中国孩子体质差》的文章中，作者列举出近年来中国孩子猝死的部分案例。

2015年9月28日，同济大学四平路校区的篮球场上，一名大一男生打篮球时突感不适，晕倒在地，被送往医院后，经抢救无效不幸身亡。

2015年4月13日，深圳市龙华观澜街道精英学校的一名男生，在上体育课热身跑步时突然倒地。经送医院抢救无效后，该男生被宣布死亡。

2014年10月9日上午9时10分左右，江西师范大学国际教育学院2014级日语专业学生章民强，在体育课进行1 000米体质测试过程中倒地猝死。

2014年4月19日,山东泰安和枣庄相继有两名学生在课间操期间倒地猝死,女孩儿年仅13岁,或为心源性猝死,男孩儿年仅15岁,临床推断为心脏猝死。

……

还有一篇《中国孩子体质堪忧:中学生运动会纪录40年无人破》的文章指出:

女子800米纪录是1977年创造的,女子100米纪录要追溯到1979年,男子110米栏纪录为1981年创造……据我国东北某省会城市学生体育艺术发展中心的统计,当地的中学生运动会纪录普遍"沉睡"多年,有的项目甚至40年无人打破。

与中学生运动会纪录多年无人破相对应的,是一些处于低位的青少年体质健康指标。广州市教育局公布的2016学年中小学生体质健康状况抽测结果显示,对比《国家学生体质健康标准》,抽测优秀率仅2.6%,不及格率达16.2%,重度近视率为49.8%。

据中国教育协会体育分会会长毛振明介绍,30年来,包括体能方面的跑、跳、投掷等指标，我国学生体质健康国家标准一直在下降。

"这几年从统招学生中挑人进校队越来越难，孩子们个头高了、身体胖了，但耐力、爆发力等身体素质却不如以前。"陕西某高校体育教研部定向越野项目指导教师说。

……

对一个孩子的素质教育投资，不能缺少体质投资。运动不足导致孩子体质下降，家长在这件事情上需要用行动来表达足够的重视。

登爸曾当过两年兵，在军队作息规律，每天拉练10千米，有时候还要负重跑步，既强健了身体，又培养了意志力。退伍后，他没有得过大病，没有住过院，偶尔感冒吃普通的感冒药就能很快康复。在疾病上没有花过大钱，这都归功于他当兵时为身体打下的良好基础。登爸也希望永登重视身体锻炼，有一个健壮的体魄，因为这才是未来生活的基石。

锻炼身体也是一种合理利用时间的学问，家长可以把孩子的零碎时间利用起来，培养出哪怕是一门"玩"的兴趣爱好。像永登喜欢玩速叠杯,还有跑步、打球等。

有的家长则通过给孩子报一些运动项目的辅导班来增加孩子的运动量,如羽毛球、乒乓球、溜冰、跳舞、骑马……北京的一位妈妈给儿子报了很多运动培训课程:游泳、跆拳道、冰球、滑雪……每次儿子上运动培训课程,妈妈都陪着一起练。每逢节假日,他们全家人就到世界各地去参加滑雪比赛或训练。妈妈在陪伴儿子的过程中,也成了运动达人,滑雪时还会拍下儿子和小伙伴的运动影像。

永登参加学校的跑步比赛

永登喜欢打篮球

永登和登爸在小区内锻炼身体

不要忽视家长与孩子一起运动的习惯，因为这也是增加家长与孩子沟通的机会。比如，一家人饭后一起散步，周末爬山、郊游等。美国安迪亚克大学华德福学院主任托灵·芬瑟博士在《学校是一段旅程》一书中提到运动的好处：运动可以激发孩子的意志力、活力，让他们的四肢和感官得到充分舒展，身体可以与知识深刻联系，有助于长期记忆。

会运动、会玩的孩子更有出息，聪明的家长一定愿意陪着孩子一起玩，给孩子健康的体魄。

对了，家长别忘了和孩子一起看本章开始笔者推荐的电影《地球上的星星》，还有另外两部印度电影也值得花时间观看——《三傻大闹宝莱坞》《摔跤吧，爸爸》。印度国宝级演员阿米尔汗通过影片教我们如何用智慧给孩子一个快乐的童年。

拒做"特困生"

充足的睡眠与科学的饮食一样，是孩子保持健康体魄必不可少的条件。 美国"全国睡眠基金会"（National Sleep Foundation，NSF）的调查称，连续3周或3周以上睡眠不足会破坏孩子的免疫系统，使孩子易患感冒和易感染其他传染性疾病。2015年，该基金会对各年龄阶段人群提出新的睡眠时间建议：

新生儿（0～3个月）：睡眠时间14～17小时；

婴儿（4～11个月）：睡眠时间12～15小时；

幼儿（1～2岁）：睡眠时间11～14小时；

学龄前儿童（3～5岁）：睡眠时间10～13小时；

学龄儿童（6～13岁）：睡眠时间9～11小时；

青少年（14～17岁）：睡眠时间8～10小时；

成年人（18～64岁）：睡眠时间7～9小时；

老年人（65岁以上）：睡眠时间7～8小时。

然而现实情况是，中国的孩子，尤其是上学的孩子，被作业和辅导班挤掉了大量玩耍和睡眠的时间。

媒体报道称，2016年，中国青少年研究中心"中国少年儿童发展状况研究"课题组在北京、山东、辽宁、河南、湖南、四川、云南和陕西等10个省、市42个区（县）162所中小学（小学四年级至初中三年级）的9360份有效问卷调查中发现，2005—2015年间，近六成中小学生睡不够国家规定的9小时。按照国家统计局2014年全国中小学生在校人数超过1.5亿计算，睡眠不足的中小学生有近1亿。

2018年，中国青年报社社会调查中心联合问卷网对1974名中小学生家长进行了一项调查，调查进一步指出，"特困生"现象愈发严重：53.3%的受访家长表示，孩子不能保证《中共中央 国务院关于加强青少年体育增强青少年体质的意见》中规定的"小学生每天睡眠10小时、初中生每天睡眠9小时、高中生每天睡眠8小时"的睡眠时间，84%的受访家长为孩子睡眠不足而担忧。

该项调查还指出，中小学生睡眠不足主要有两大原因——课后作业任务和补习班。

课业压力导致睡眠不足，除了会降低孩子的免疫力、专注力之外，还有比较突出的一点，就是容易让孩子变成近视眼。

根据北京大学中国健康发展研究中心发布的《国民视觉健康报告》，我国高中生和大学生的近视患病率都超过 70%，青少年近视患病率已经高居世界第一位。研究显示，2012 年我国 5 岁以上总人口中，近视的总患病人数在 4.5 亿左右。若没有有效的政策干预，到 2020 年，我国 5 岁以上人口的近视患病率将增长到 51% 左右，患病人口将达 7 亿。

为什么中国学生近视率这么高？

专家给出的答案是用眼过度。课业多、接触电子屏幕时间长、户外活动时间少、坐姿不正确等遗传因素之外的环境因素和行为习惯，使得孩子的近视率出现快速增长的趋势，并且近视迅速低龄化。

所以，家长不仅要想方设法保证孩子的睡眠，而且要照顾好他的双眼。

建立孩子正确使用 3C 产品的习惯

3C 产品即计算机（Computer）、通信（Communication）和消费类电子产品（Consumer Electronics），又称"信息家电"。常见的有电

脑、平板电脑、数码相机、移动电话等。

在永登 3 岁多时，登爸买了一部 iPad 给他玩。当然，登爸不建议孩子 3 岁之前接触 3C 产品，不停闪烁和释放蓝光的显示屏会对眼睛造成伤害。

很多家长不想让孩子过早接触 3C 产品，尤其害怕孩子玩上瘾，变成网瘾、手机瘾少年。在这个问题上，家长要学习治水的大禹，用疏导而不是防、堵的方法来解决。因为一味地防与堵，最终只会以溃堤收场。

现在是信息化时代，3C 产品是生活的必需品，让孩子从小建立正确使用 3C 产品的习惯是相当重要的一项生活技能。永登的速叠杯奇幻旅程就是他在 iPad 上无意间看到速叠杯运动的视频开始的。

其实，iPad 上有很多关于幼教类的 APP，适合孩子在玩耍中学习。父母要做的，就是协助孩子建立正确使用 3C 产品的习惯，教会他们如何使用 3C 产品来解决问题和获得知识，比如学唱歌、跳舞、数数……

近距离久视屏幕，是孩子近视的主要原因。因此，**父母控制好孩子每次使用 3C 产品的时间和距离，是保护孩子眼睛的主要措施。**

孩子都是没有时间概念的，只要内容吸引人，他愿意一直看下去，这就需要家长建立规则意识：孩子每天使用 3C 产品的时间在 10 分钟、20 分钟、半小时内……随着孩子年龄的增长，慢慢增加他每次接触 3C 产品的时间，并且严格遵守规定。

建立规则时，孩子会耍赖，比如时间到了不被允许继续玩，就会用哭闹的方式抗拒。这时候父母态度要坚定，而不是孩子一哭闹就妥协，这样反倒会滋生孩子以哭闹来要挟的坏习惯。

最为重要的是，家长要**给孩子建立正确的 3C 产品的工具观**，告诉孩子：手机、平板电脑等 3C 产品是信息传输工具，能帮助人们完成打电话、发邮件、查资料等各种事务，还可以延展每个人的五官感知。这个观念树立的最好方式不是说教，而是父母以身作则。如果父母每天就是手机、电脑不离手，玩游戏、看视频、聊天，孩子也会有样学样。

永登想玩 iPad 的时候，登爸、登妈就给他玩，但到了规定时间他会放下，去做其他的事情。有时候永登玩得正起劲时，恰巧有正事要办，登爸、登妈让他收起来，他也会完全配合，不会哭闹、耍赖，不会提无理要求。现在满 10 岁的永登，从 3 岁多就开始接触平板电脑，使用 3C 产品的时间已经有六七年了，因为拥有正确使用 3C 产品的习惯，所以他的视力仍保持在 1.5～2.0。

 延伸阅读

《请让我慢慢长大》 吴蓓／著

《学校是一段旅程》 [美]托灵·芬瑟／著，吴蓓／译

《解放孩子的潜能》 [英]马丁·洛森／著，吴蓓／译

育子十四法则

永登在 1 岁的时候，能够看懂并念出 26 个大小写英文字母；2 岁时能够用英文从 1 数到 100……之后，登爸、登妈还是让他尽兴地玩，直到他 4 岁半时接触到速叠杯，开启了一段奇妙的旅程。

所有的父母不是天生就会当父母的，登爸和登妈也一样。因此，他们上网找了很多育儿资料学习。他们发现，并不是每一套育儿方法都适合永登，有时需要根据人、环境和价值观的不同而做出改变。下面就和大家分享一些登爸、登妈平时和永登相处的小技巧。

给孩子提供一个和谐、舒适的环境

俗话说"家和万事兴"。

家，是孩子从小生长、学习的环境，对孩子的一生有着重要影响。每个家庭组成的成员各有不同，不管是父母、兄弟、姐妹，住在一起难免会有摩擦，但是有一点切记：**不要在孩子面前争吵，有事情一定要平心静气地沟通，千万别动气。**

一个家庭里面只要有一个人心情不好，那么他的情绪就会影响其他人。孩子也会看在眼里，记在心里，并学会发脾气。和谐的家庭气氛有助于孩子形成健全的人格和活泼开朗的性格。

接下来就是父母要创造一个安全、舒适、整洁的家庭环境。有些父母不让宝宝东摸西摸，怕弄脏了手，容易感染细菌，其实这是相当错误的想法。大多数宝宝都是依靠手来探索世界的，如果禁止他触摸环境，就会渐渐扼杀他天生的求知欲，减少他对世界的探索。父母要做的，就是为宝宝提供一个安全、整洁的环境。在没有安全问题的前提下，父母跟前看后，让宝宝尽情地用手去探索世界。宝宝的手弄脏了，父母就要不厌其烦地帮他擦洗干净。

在玩中学习

宝宝出生后,无时无刻不处于学习的状态,从一开始学习翻身、爬行,到以后学说话、学走路等。在永登 7 个月时,登爸看他每次喝奶时都挺无聊的,就制作了几个学知识的 PPT 文档,让登妈在永登喝奶时播放给他看。

潜移默化之下,永登一岁时就能看懂并念出 26 个英文字母了,也学会了很多其他小朋友在幼儿园才会学到的东西。这样的学习方法对永登来说一点儿压力也没有。事实上,**在玩中学习的效果超出父母的想象**。

禁止对孩子开玩笑

婴幼儿时期的宝宝分不清楚什么是玩笑,所以一定要对他下达正确的指令,不要逗弄他,不要跟他开玩笑。

在永登的婴幼儿时期,登爸自己十分坚持这个原则,即使是他的父母亲或其他长辈也不可以和永登开玩笑。

当然,这需要孩子的父母平心静气地和长辈沟通:**孩子如果**

时常被开玩笑，那么孩子就会无法正确地判断对与错，以后会更难教。

如果长辈不能接受，那么该得罪也是要得罪的。对于不讲道理的长辈，不管他是什么身份，都要果断制止他对孩子开玩笑。

孩子想要抱就把他抱起来

为人父母之后，大家都有这样的经历：孩子一天到晚吵着要父母抱，父母抱到手酸腰疼，可孩子还是黏在身上。这时，很多父母就想逃避，找出各种理由不抱孩子。但需要提醒的是，孩子如果要父母把自己抱起来，特别是带他到户外去的时候，父母应当感到高兴，因为这说明了两点：第一，父母是他想要撒娇的对象；第二，说明孩子的小脑袋瓜想要知道得更多，想要看得更远。

如果抱起来还不够，他还想坐在肩膀上，就让他坐上去。因为坐在父母肩膀上的高度比被抱在怀里的高度更高，可以看得更远！

站得高，看得远，这是每个孩子都懂的道理

父母都要扮黑脸，也都要扮白脸

父母之间经常会商量，在孩子面前谁扮黑脸、谁扮白脸。通常都是爸爸扮黑脸，妈妈扮白脸。比如，当孩子犯错的时候，扮黑脸的爸爸会严厉批评孩子，而扮白脸的妈妈则会温柔劝慰。

这是不正确的角色划分。因为如果当黑脸爸爸不在家的时候，白脸妈妈就会管不了孩子；如果黑脸爸爸经常不在家，那孩子该怎么管教呢？所以，**登爸、登妈都要扮黑脸，也都要扮白脸**，这样即使只有一个人在家，另一个外出的人也可以放心。

不要怕孩子犯错

在孩子的世界里，最初没有对与错，父母要正确地教导孩子区分。正确对待孩子犯错，是所有父母该面对的问题。犯错也是学习的一种方式，孩子小时候犯小错，总比长大犯大错好。

在犯错问题上有恐惧心理的孩子，容易形成撒谎的坏习惯。**父母要教会孩子的是如何在错误中吸取教训。**

让孩子做自己，不要活在他人的眼光里

有时候孩子犯错误了，家长常会跟他说："我不想以后再看到你这样子做""我不想以后再听到你这样说"等类似的话。

这样的说法需要改变，要改成"以后不能这样做……""话以后不能这样说……"，目的在于给孩子正确的指令，而不是让孩子误以为他的所作所为是为了要给父母看。如果是为了做给父母看，那孩子就丢失了自己，每天都要在怎样去迎合父母上动脑筋。这样发展下去，孩子就只会迎合他人、做他人喜欢的事，反而丢掉了自己的本心。

让孩子做自己，才能激活其内心潜能。

适时管教，不要用情绪施教

家长们都希望自己的孩子有高情商，殊不知父母的情绪管理会

直接影响孩子的情商。**父母不要因为在外工作一天十分疲累，就在家里发泄自己的负面情绪。**

孩子会根据父母情绪反应的大小，来判断自己犯错的严重程度。因此，对于孩子的错误，父母不要带着自己的负面情绪去管教。当然，这真的不容易做到，很多父母会在孩子犯错时失去理智，冲动发脾气，更有甚者，会对孩子体罚，对其造成身心伤害。

做实验给孩子看，他们更能直接领悟

永登在一岁多的时候，时常想当个小帮手，如帮登爸、登妈拿东西、关房门。他最喜欢去关落地窗，因为关落地窗时会发出很大的声响。

怕他的手被夹到，登爸时常告诫他不可以去关落地窗。但他总是不晓得什么叫作危险，于是登爸将一把塑料尺放在落地窗轨道上，把落地窗用力一拉，塑料尺应声碎裂。永登看了立刻被吓了一跳，登爸便趁机跟他解释："如果是你的小手被落地窗这样夹到，那么小手就会像塑料尺一样碎裂。"自此之后，永登就不敢再大力关落地窗了，他会小心翼翼地轻轻地关上。

教育孩子，情景再现有时候比说教一万次有效得多，尤其是对于婴幼儿。

身教重于言教的另一种诠释

孩子是父母的一面镜子。

会说粗话的孩子，他的父母也多半满口粗话；到处乱丢垃圾的孩子，他的父母也多半乱丢垃圾、没有公德心。

身教除了指父母在行为规范上给孩子树立榜样以外，还有另一种诠释方式。比如，永登在一岁以前头发长得很慢，直到一岁两个月时才第一次理发。登爸带他去理发店，不知该如何跟他解释理发这件事。于是他就让理发师先给自己理，让永登在旁边看。轮到永登理发时，他就很开心地模仿起登爸刚才的样子，安静地坐在那里，配合着理发师。理完发后，理发师长长地舒了口气说，这是他第一次帮小奶娃理发，竟然能够轻松完成，简直太不可思议了。

身教，就是父母利用孩子的模仿心理，给孩子做表率，它的效果远胜于口头解释。

不要欺骗孩子，把真相说给他们听

对于打针这件事，不要说孩子了，有些大人都会心生恐惧。每次打针时，孩子的哭声让人心疼。怎么办？为了避免永登对打针产生恐惧，登爸和他一起做心理建设。登爸不会骗他说打针不会痛，而会跟他解释打针的痛是怎样的痛法、会痛多久，全部跟他讲清楚。

沟通完之后，轮到永登打针时，他刚看到护士把针拿过来，就开始害怕。登爸又跟他解释，只要照着护士说的去做，就不会那么痛，而且只会痛一秒钟。于是他勇敢地把胳膊伸到护士面前，听护士的提示，放轻松，肌肉不紧绷，果然痛一下子就结束了。从此以后，永登对打针就不再恐惧了。

孩子一生中会遇到很多令他感到恐惧的事情，**父母不能简单地用"不怕不怕""不痛不痛"这样的话来欺骗孩子，因为一旦孩子发现事实和父母说的完全相反，就会产生更深的恐惧感和对父母的不信任感。**

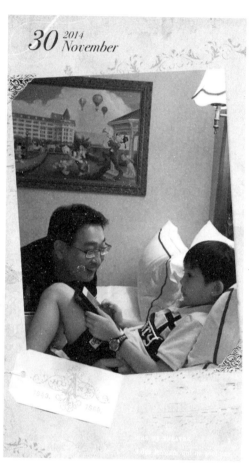

睡前登爸、登妈会陪永登聊天，畅聊完，永登会酣然入梦

睡前的陪伴与聊天

孩子好好睡觉，才能茁壮成长。有一个好的睡眠仪式是非常有必要的。

永登的睡眠仪式就是，在他睡前，登爸、登妈会和他好好地聊天，聊聊他在学校一整天里发生的事情，了解他和同学相处的过程，登爸、登妈也会趁此机会纠正他的一些观念和行为。

如果这一天永登在学校有犯错的话，登爸、登妈会对他说："虽然今天你犯错了，但明天一觉醒来，你还是一个乖乖的小登登，又可以开始新的生活了。"登爸、登妈这样说的目的是帮助永登建立信心，时刻让他拥有自信，让他不要因为犯错而失去了探索这个世界的好奇心。

培养自律能力

永登3岁多时，有了第一部平板电脑，但他没有因使用它而近视；永登也爱吃甜食，却没有蛀牙。他是怎么做到的呢？

自律能力是孩子学会自我管理的首要素质。在其自律能力建立之前，父母先要助其养成良好的自律习惯：饭前洗手、饭后刷牙、早睡早起……

孩子小的时候很难控制住自己，父母通过制订符合孩子认知水平的规则，比如，做完作业后才能玩平板电脑，每次玩平板电脑不能超过15分钟，每月可以吃1次棉花糖，让孩子知道标准和界限。并且父母坚定地执行这些规则，慢慢地，孩子会明辨是非，学会自律。

父母是训练孩子自律能力最好的导师，在要求孩子做到自律之前，父母应首先做到。登爸、登妈凡事以身作则，为永登树立了良好的榜样。

把孩子当大人看，教他们懂得尊重

为人父母之后，才更能体会把孩子教好是一个很重要的社会责任。近些年被媒体报道出来的一些社会事件让人看到孩子人格教育的不可或缺。没有教育好的孩子，很容易成为"问题儿童""问题少年"，人格严重缺失的就像不定时炸弹一样，随时都可能给社会带来破坏性的伤害。

在永登的成长过程中，登爸、登妈首要关注的就是他的人格发展，时常提醒他"人必自重而后人重之"的道理，告诉他要融入社会，学会和其他人接触、沟通，学会尊重别人……

和谐的家庭环境对孩子的成长百利而无一害。父母在参考上述这些技巧的同时，也要根据孩子的特点进行适当的调整与改变。

第4章

欢迎来到速叠杯世界

速叠杯运动作为一项手部极限运动，近几年风靡全球，这项比试手速、挑战自我的新兴运动正频繁地出现在竞技赛场上。凭借一套简单易学的动作，就可以在最短时间内完成比拼速度的竞赛，其意义已经超越竞赛本身，所以它吸引了越来越多的孩童参与，尤其对于3岁以上的孩子有着天然的吸引力。

速叠杯运动的乐趣在于解放双手后，提升了大脑的兴奋指数，增加了快乐因子。手脑开发的前提一定是将双手动起来。例如，刚出生的婴儿，他们吮吸、抓握的本能动作会刺激大脑皮层的活跃度。

但是，在孩子的成长过程中，很多家长只是一味地看中可量化的学习分数，忘记了双手开发的重要性，实际上双手开发对孩子性格、行为习惯的培养至关重要。

在陪伴永登玩速叠杯的过程中，作为孩子的父母，登爸、登妈同样收获了巨大的快乐。这份快乐成为这个家庭共有的精神财富，很多欢乐的片段镌刻到了家庭记忆中。

速叠杯到底有着怎样的神秘吸引力呢？

速叠杯世界的快乐之境

促进手、眼、脑、身体协调

在速叠杯的叠、收过程中,孩子的手臂、手腕和手指都在不断地运动,直接锻炼了孩子的手部灵活性,同时借由手指的触感和杯塔形状不断变化的视觉刺激促进手眼协调。因为双手的运动带来了杯塔变化,需要眼睛不断地跟随、捕捉每个杯子的运动轨迹,所以只有手眼高度协调,才能刷新速度,这对于眼睛追踪物体能力的提升有很大的帮助。

另外,在眼睛和双手快速运动的过程中,身体也要跟上节奏,真可谓"叠一杯而动全身"。

促使左右脑均衡开发

人类大脑分为左右脑，左脑负责语言表达，具有逻辑思维功能，右脑负责非语言表达，具有形象思维功能。一般人都擅长逻辑思维而不擅长形象思维，个人创造力来源的右脑很少得到开发。

左右脑的开发一直是很多科学家的研究课题。日本的春山茂雄在《脑内革命》一书中认为，人类的左脑为"自身脑"，右脑为"祖先脑"。左脑具有记录人们后天人生体验信息的能力，记忆的时间不过三五十年。右脑则承担着重要的本能和自律神经系统的功能，以及道德、伦理观念乃至宇宙规律等人类所获得的全部信息，是储存着500万年人类智慧的基础软件，而且右脑所储存的信息是左脑的10万倍。在春山茂雄看来，右脑开发可以提高人类的创造力、知觉能力及图像认识能力。

> **TIPS**
>
> **大脑左右半球的分工**
>
> 左半球（理性的脑）：语言、逻辑分析、推理、抽象、书写、阅读、分类排列、抑制、判断、五感（视觉、听觉、味觉、嗅觉、触觉）等。
>
> 右半球（感性的脑）：直觉、情感、图形知觉、形象记忆、美术、音乐节奏、舞蹈想象、身体协调、灵感等。

玩速叠杯时，左右手相互协调配合，刺激左右大脑的平衡开发，对于右脑的开发作用尤其显著。比如，速叠杯提高图形识别能力，通过对几何物体变化的感知得以实现。另外，在数学方面，让孩子在杯子数量的加加减减过程中掌握简易数字间关联的逻辑性，如1、2、3、4、6、9、10、12，其关系在于：

$$3 \times 2 = 3 + 3 = 6$$
$$3 \times 3 = 3 + 3 + 3 = 3 + 6 = 9$$

$3 \times 4 = 3 + 3 + 3 + 3 = 6 + 6 = 12$

$1 + 2 + 3 = 6$

$1 + 2 + 3 + 4 = 10$

3岁孩子正处于幼儿园阶段,这个阶段被称为黄金学习期,孩子尚未形成固定的思维模式,处于不断学习的过程中。若是此时让孩子玩速叠杯,可以帮助其左右脑均衡开发,使孩子在今后的学习中,一是可以具有较高的理解领悟能力,二是学会快乐学习的方法,提高学习效率。

比如,为了增加趣味性,可以让孩子单手挑战速叠杯,无论是左利手还是右利手,都可以通过速叠杯运动有意识地开发大脑。

增强肢体的平衡程度

玩速叠杯,身体要保持站立状态。双手的堆、叠动作需要运用全身的力量,特别是手臂、腰部和腿部的力量。所以,在练习时会不断地训练四肢的协调性,长期坚持,还能锻炼出肌肉。

有研究数据显示,在快速的叠杯过程中,手臂90%的肌肉都积极地参与其中。永登在玩了 5 年速叠杯后，胳膊上真的练出了肌肉，甚至腹部肌肉也出现了，和那些专门去健身房锻炼肌肉的人取得了一样的效果。

通过玩速叠杯增强肢体的平衡程度后，永登参加其他运动越发得心应手，所以，他对运动的自信心也大大增加，也更加活泼好动了。

提高专注力和反应力

相较于其他激烈的运动，速叠杯真是一项老少皆宜的运动：安全无危险，可以避免像其他运动一样由于过于激烈而造成严重的伤害；几乎不受场地限制，空间要求简单，在家里、教室等户内户外皆可操作；既刺激又有趣，运动量适宜。

玩十几分钟速叠杯相当于慢跑十几分钟的运动量。陪伴孩子玩速叠杯之前，登爸相当喜欢打篮球，但经常浑身是伤，经历过骨折、脱臼、扭伤、拉伤等常见的运动损害，严重时甚至进医院动了手术。玩速叠杯登爸就不会有这样的顾虑。

不会产生身体伤害的速叠杯，在提高专注力和反应力方面也不输于其他运动。它可以激发人的斗志，促使参与者不断努力刷新速度纪录，这时其将不得不把全部精力集中在双手上。因为一旦走神，双手就容易出现失误，要想不失误，只能全神贯注。如此一遍一遍地强化，人的专注力和反应力在叠杯的过程中悄无声息地得以提升。

如果家长因为孩子注意力不集中而困扰，不妨让孩子通过玩速叠杯来训练其专注力。

促进人际关系更和谐

速叠杯可以单人完成、双人完成，也可以团队合作完成，完全可以作为一项人际互动的社交游戏。

如今，亲子合作也是速叠杯竞赛中的正式项目之一，亲子二人可以一起合作挑战。亲子合作项目要求孩子在18岁以下，家长则必须是孩子的父母、养父母、祖父母、养祖父母或其他监护人。

亲子组队比赛，可以培养家人之间的默契，拉近彼此间的距离。比如，冬天天气很冷不方便外出活动时，晚饭后，只要家人在一起，就可以全家老小一起玩速叠杯。一起玩时，不仅可以增加互动话题，对于年长者来说，还可以降低心血管疾病、阿尔茨海默病（俗称老年痴呆）、筋骨僵硬等疾病的发生概率。玩速叠杯简直是一个再好不过的家庭游戏。

TIPS

速叠杯比赛项目

单人项目

3-3-3：选手把杯子"往上叠"（由左至右或由右至左），并根据个人喜好，由左至右或由右至左"往下收杯"（由左至右叠起就必须由左至右收杯，由右至左同理），共3组竞技速叠杯，每组竞技速叠杯由3个杯子组成。

3-6-3：使用12个杯子，左右两侧各有3个杯子，中间6个。同样地，选手需要把每组杯子叠成金字塔状，最后重新组合回原状。

Cycle（花式循环）：使用12个杯子，选手需要先完成3-6-3项目，然后完成6-6项目，再是1-10-1项目，接着还原成3-6-3项目。

> **双人项目**
>
> 两个人一起叠 Cycle（特殊组选手叠 3-6-3），一个人用左手，另一个人用右手。
>
> **接力项目**
>
> 有 3-6-3 团体计时赛、3-6-3 徒手接力赛和 Cycle 徒手接力赛 3 种形式。

给孩子带来成就感

速叠杯是一项容易获得成就感的运动，每一次速度的提升都能给孩子带来很大的成就感，而成就感是推动孩子探索世界的动力之一。

那么，家长该如何培养才能让孩子获得成就感呢？

不夸张地说，永登的成就感就来自速叠杯。成就感和自信心是一对孪生兄弟，每提高一次速度，他都兴高采烈，越发有自信心。

当然，孩子也会出现速度难以提升的瓶颈期，这时候父母要加以引导，让孩子自己寻找解决问题的方法。就像永登那样，遇到困难，他会在网络上寻找解决方案，或者与登爸、登妈探讨。这个过程也是获得成就感的一个必经之路，即在实现目标的道路上，孩子学会如何克服困难。做一件事情，成就感并不只来自最终结果，也来自追逐目标的过程中的努力。父母启发孩子发现问题、解决问题，同样可以培养其获得成就感。

需要说明的是，孩子在自己喜欢做的事情上更容易获得成就感。所以，父母与其直接帮助孩子获得成就感，不如让他自己去寻找属于自己的成就感。

速叠杯运动的益处还有很多，请正在亲身感受速叠杯运动的小朋友们一起用行动把它记下来吧！

轻松玩转速叠杯

无论做什么事,打基础很重要,就像学功夫的人得先练马步一样,玩速叠杯要先把 3 杯练好。所以,在介绍速叠杯比赛项目的玩法之前,登爸先介绍一下基础 3 杯的玩法。

基础 3 杯的玩法

3 杯设备

1. 3杯的叠法

第1步 右手从这3个杯子最上方拿起1个杯子摆放在右边,如下图所示。

叠杯(1)

第2步 左手拿起一个杯子摆放在两个杯子中间。

叠杯(2)

TIPS

3杯的叠法口诀

右手拿起来,左手跟上来。

2.3 杯的收法

第1步 右手拿着上层中间的杯子往右边下滑收起。

收杯（1）

第2步 左手拿着下层左边的杯子往右边收起。

收杯（2）

TIPS

3杯的收法口诀

右手滑下去，左手收起来。

第 4 章 欢迎来到速叠杯世界

这个 3 杯练习看起来操作简单，却是玩叠杯最重要的基本功，一定要反复练习，直至能够双手同时叠起也能同时收杯。

同时叠起示意图如下。

同时叠起示意图

同时收杯示意图如下。

同时收杯示意图

个人三项之一：3-3-3 的玩法

国际速叠杯比赛项目一般分为个人项目和团体项目两类，团体项目需要成立队伍才能进行，在本书中仅就大家方便学习的个人项目进行介绍。个人项目有 3-3-3、3-6-3、Cycle 这 3 项基本的个人比赛。

3-3-3 是速叠杯赛场上最基础的一个比赛项目，它由 3 组 3 杯合计 9 个杯子组成，要求选手依序叠起 3 个金字塔杯形。

3-3-3 项目设备

再依序下收成 3 组杯子即完成比赛动作,如下图所示。

收成 3 组杯子示意

3 组杯子可以从左边开始叠,接着完成中间,之后再完成右边,如下图所示。

叠杯顺序示意(1)

也可以从右边开始叠，然后完成中间，之后再完成左边，如下图所示。

叠杯顺序示意（2）

需要注意的是，如果杯子从左边开始叠，就要从左边的杯塔开始收，不能从左边开始叠到右边之后，再从右边开始收杯回到左边，这是错误且无法被计算成绩的叠法，如下图所示。

错误叠法示意（1）

相同的道理，杯子可以从右边开始叠到左边，但是要从右边开始收杯到左边，这样才能被算为有效成绩。

另外，还有一些不被计算成绩的错误动作，比如，在叠杯塔的过程中不可以同时用双手叠 2 组杯塔，如下图所示。

错误叠法示意（2）

除此之外，必须依序一组一组完成杯塔，不能叠完第 1 组杯塔之后不叠第 2 组杯塔，直接叠第 3 组杯塔再回头叠第 2 组杯塔，如下图所示。

错误叠法示意（3）

最后，强调一下单手的叠杯和收杯动作。尤其是单手收杯，这个动作是国际比赛允许的标准动作，它可以使收杯的动作更流畅，让收杯的速度更快。所以，当大家在熟悉基础3-3-3的项目之后，可以多加练习这个动作。具体操作步骤如下。

第1步 右手拿起2个杯子，如下图所示。

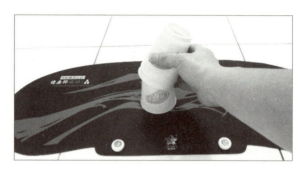

单手收杯第1步示意

第2步 右手把1个杯子摆放在右边，如下图所示。

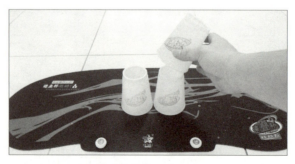

单手收杯第2步示意

第3步　将右手剩下的1个杯子顺势叠在2个杯子中间，如下图所示。

单手收杯第3步示意

第4步　右手把顶层的单杯往右下方收，如下图所示。

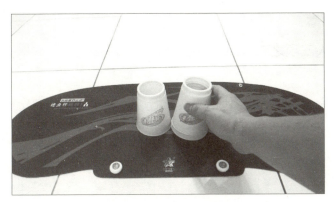

单手收杯第4步示意

第5步 右手再把左边剩下的那个杯子收起来,如下图所示。

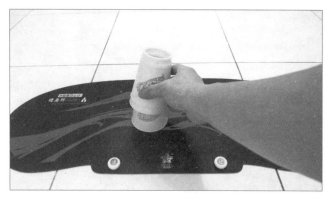

单手收杯第 5 步示意

在所有速叠杯比赛的项目中都会使用到这个收杯动作,所以大家一定要反复练习直到动作流畅,这样收杯的速度会更快。

个人三项之二:3-6-3 的玩法

接下来要教大家的是 3-6-3 的玩法,这个玩法顾名思义就是第 1 组杯是 3 杯,第 2 组杯是 6 杯,第 3 组杯是 3 杯,然后依序叠起再依序下收。

在开始 3-6-3 整套的动作之前，登爸要先教会大家 6 杯的叠和收，大家熟悉这两个动作之后才能流畅地完成 3-6-3 整套的动作。

1. 6 杯叠起

TIPS

6 杯叠起口诀

右 3 左 2，右左右左中。

具体操作步骤如下。

第 1 步 右手拿起 3 个杯子，左手拿起 2 个杯子，剩下 1 个杯子，如下图所示。

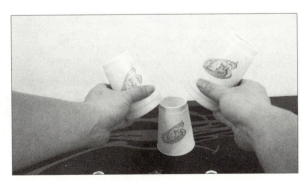

6 杯叠起第 1 步示意

[第2步] 右手把1个杯子摆放在剩下的那个杯子的右边,如下图所示。

6杯叠起第2步示意

[第3步] 左手把1个杯子摆放在左边,如下图所示。

6杯叠起第3步示意

第 4 章　欢迎来到速叠杯世界

第4步　右手把右手方向的 1 个杯子摆放在中间的杯子和右边杯子的上面（中间的位置），如下图所示。

6 杯叠起第 4 步示意

第5步　左手把左手方向的 1 个杯子摆放在左边。

6 杯叠起第 5 步示意

第 6 步 右手把剩下的那个杯子摆放在第 2 层杯子上面的中间，如下图所示。

6 杯叠起第 6 步示意

2. 6 杯收杯

TIPS

6 杯收杯口诀

"八字下收"，右 3 左 2。

第1步 右手握住杯塔最顶层的杯子,左手握住第 2 层左边的那个杯子,如下图所示。

6 杯收杯第 1 步示意

第2步 以"八字"造型的方式,双手同时从左右两侧往下刷,这个动作叫作"八字下收法",如下图所示。

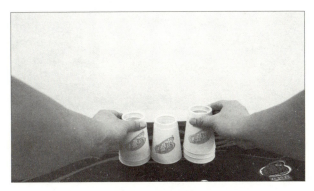

6 杯收杯第 2 步示意

第3步 右手把右边的3个杯子往中间套下，如下图所示。

6杯收杯第3步示意

第4步 左手将左边的2个杯子往中间套下，如下图所示。

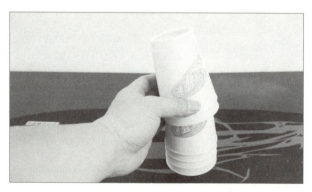

6杯收杯第4步示意

3. 3-6-3 的叠杯与收杯

第1步 第1组3杯叠好之后，依序叠中间6杯，再到最后1组3杯，如下图所示。

3-6-3 叠杯与收杯第 1 步示意

第2步 收杯时，记得从哪一边起叠，就必须从起叠的那一边开始收杯，如下图所示。

3-6-3 叠杯与收杯第 2 步示意

第3步 最后一组3杯记得可以使用单手收杯,这样速度会比较快,如下图所示。

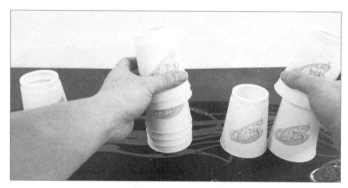

3-6-3叠杯与收杯第3步示意

个人三项之三:Cycle的玩法

这是速叠杯个人比赛项目中的最后一项,也是最复杂、最考验耐力和平衡能力的一项。这个项目要求选手先叠起3-6-3的杯塔,在快速下收之后接着做6-6杯塔,再将6-6杯塔收成一摞12个杯子的杯柱,再叠起1-10-1的杯塔,最后收杯还原成最初始的3-6-3起始阵型。因为这个动作是由3-6-3杯塔转变成6-6杯塔,再转变成1-10-1杯塔,最后再回归3-6-3阵型的,所以才会取名为花式循环。接下来,就教大家如何完成这个视觉效果相当好的比赛动作。具体操作步骤如下。

第4章 欢迎来到速叠杯世界

第1步 叠好3-6-3杯塔。为方便大家在最后收杯时有个定位杯可依循,把第2组6杯底层中间的那个杯子作为中心杯,如下图所示。

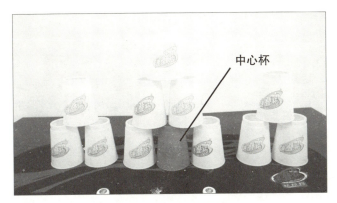

Cycle叠杯第1步示意

第2步 下收3-6-3杯塔,如下图所示。

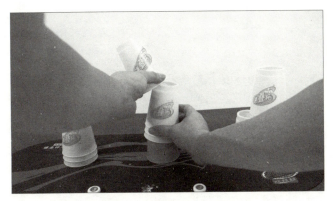

Cycle叠杯第2步示意

163

第3步 在中间6杯收好之后,左手到左边的3杯等待,右手将右边的3杯做单手收杯之后,顺势带到左边,如下图所示。

Cycle 叠杯第 3 步示意

第4步 右手的杯到了左边之后顺势叠起左边6杯的杯塔,如下图所示。

Cycle 叠杯第 4 步示意

第 4 章 欢迎来到速叠杯世界

第5步　接着做右边 6 杯的杯塔，如下图所示。

Cycle 叠杯第 5 步示意

第6步　再收好左边的 6 杯塔，此时左右手各有 3 个杯子，如下图所示。

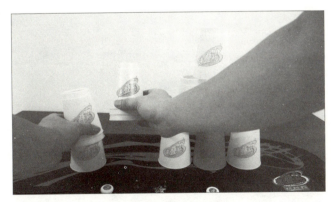

Cycle 叠杯第 6 步示意

第7步 下收右边的6杯塔，如下图所示。

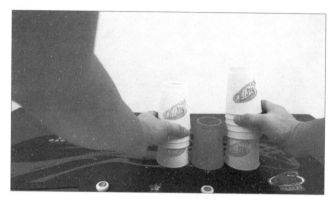

Cycle叠杯第7步示意

第8步 右手6个杯子先套在原地的中心杯上，左手的5杯再接着套回成12个杯子的杯柱，并将整个杯柱往中间移动，如下图所示。

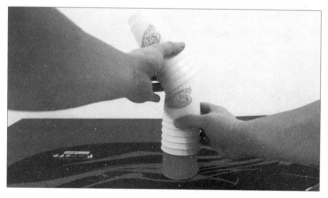

Cycle叠杯第8步示意

第 4 章　欢迎来到速叠杯世界

第9步　右手拿起最上面的 1 个杯子之后，左手也拿起 1 个，如下图所示。

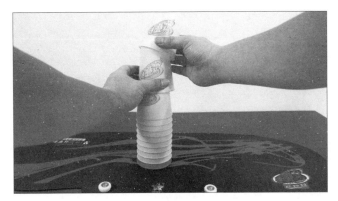

Cycle 叠杯第 9 步示意

第10步　右手反手放杯子，如下图所示。

Cycle 叠杯第 10 步示意

或者左手反放杯子,也是可以的,如下图所示。

左手反放杯子示意

需要注意的是,在这个 1-10-1 的部分,右手反杯或左手反杯都可以,但绝对不可以同时是两个正杯,如下图所示。

不能同时是两个正杯

也绝对不可以同时是两个反杯,如下图所示。

不能同时是两个反杯

第11步 右手拿起5个杯子,左手拿起4个杯子,中间会剩下1个中心杯,如下图所示。

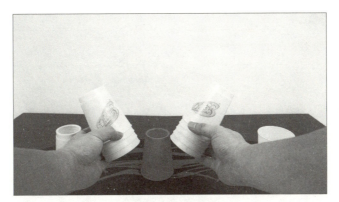

Cycle 叠杯第 11 步示意

第12步 右手先摆最底层中心杯右边的2个杯子，接着左手在中心杯的左边再摆放1个杯子，如下图所示。

Cycle叠杯第12步示意

第13步 右手的杯子从底层4个杯子的中间开始往右边叠放2个杯子，如下图所示。

Cycle叠杯第13步示意

第 4 章　欢迎来到速叠杯世界

第14步　左手在左边叠上 1 个杯子，如下图所示。

Cycle 叠杯第 14 步示意

第15步　右手和左手在下数第 3 层各放 1 个杯子，如下图所示。

Cycle 叠杯第 15 步示意

第16步 左手方向的最后1个杯子叠放在最上层中间，如下图所示。

Cycle 叠杯第 16 步示意

第17步 左手拿起最下层左边的单杯，右手反手拿起最下层右边的单杯，如下图所示。

Cycle 叠杯第 17 步示意

第18步 右手从10杯塔的最上层第一个杯子开始,左手从上数第2层的左边开始,做往右刷的下收动作,如下图所示。

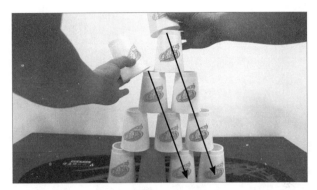

Cycle 叠杯第 18 步示意

第19步 左手拿起下刷后4个杯子上的第1个杯子,在3杯塔上数第1层杯往左刷,右手拿起下刷后全部的5个杯子,顺势收到中心杯的位置,如下图所示。

Cycle 叠杯第 19 步示意

第20步 最后,循环回来变成一开始的3-6-3阵型,如下图所示。

Cycle 叠杯第 20 步示意